KT-459-149

Aled a'r Fedal Aur

ALED SION DAVIES

CYNGOR LLYFRAU CYMRU

ISBN: 978 184771 838 9
Argraffiad cyntaf: 2014

© Aled Sion Davies a'r Lolfa, 2014

Mae Aled Sion Davies wedi datgan ei hawl dan
Ddeddf Hawlfraint, Dyluniadau a Phatentau 1988
i gael ei gydnabod fel awdur y llyfr hwn.

Cedwir pob hawl. Ni chaniateir atgynhyrchu unrhyw
ran o'r cyhoeddiad hwn, na'i gadw mewn cyfundrefn
adferadwy, na'i drosglwyddo mewn unrhyw ddull na
thrwy unrhyw gyfrwng, electronig, electrostatig, tâp
magnetig, mecanyddol, ffotogopïo, recordio nac fel arall,
heb ganiatâd ysgrifenedig ymlaen llaw gan y cyhoeddwyr,
Y Lolfa, Talybont, Ceredigion, Cymru.

Mae'r prosiect Stori Sydyn/Quick Reads yng Nghymru
yn cael ei gydlynu gan Gyngor Llyfrau Cymru
a'i gefnogi gan Lywodraeth Cymru.

Argaffwyd a chyhoeddwyd gan
Y Lolfa, Talybont, Ceredigion SY24 5HE
gwefan www.ylolfa.com
e-bost ylolfa@ylolfa.com
ffôn 01970 832 304
ffacs 832782

2 Medi 2012, Gêmau Paralympaidd Llundain

RO'N I'N GALLU CLYWED y dorf o bell pan ddes i i mewn i'r stadiwm ar gyfer cystadleuaeth taflu'r ddisgen. Fe halodd y sŵn ro'n nhw'n ei neud ias i lawr fy nghefen i. Wedi i fi gael medal am daflu'r siot, ro'n i'n teimlo'u bod nhw'n gwybod pwy o'n i erbyn hynny. Ro'n nhw'n amlwg fel un y tu ôl i fi ac yn ysu i ngweld i'n ennill medal arall. Roedd y lle'n berwi o gyffro ac ro'n i'n teimlo'n grêt.

Tafliad i gynhesu gyntaf ... 44 metr! Ro'n i'n bles iawn â'r pellter hwnnw. Roedd nifer o'r naw oedd yn cystadlu yn fy erbyn i'n prowlan o gwmpas fel anifeiliaid gwyllt. Ro'n i'n 21 oed ac felly'n llawer ifancach na nhw, yn llai profiadol a thipyn yn fwy tawel. Ond ro'n i'n gwbod mod i cystal â nhw bob tamed. Yn eu plith roedd Karamzadeh, o Iran, oedd yn un o'r ffefrynnau i ennill. Dechreuodd y gystadleuaeth ac fe gafodd e dafliad cyntaf da. Dyma fe'n troi ata i â rhyw olwg ar ei wyneb oedd yn dweud, 'Mae gyda ti frwydr ar dy ddwylo, mêt!'

Roedd fy nhafliad cyntaf yn un da iawn, 45.31 metr, tipyn gwell nag un y bachan o Iran. Felly dyma fi'n pwyntio tuag ato fe, cystal â dweud, 'Iawn, dwi'n barod amdanat ti!' Daeth Anthony, fy hyfforddwr, draw i gael gair 'da fi. Roedd e'n gallu gweld bod gwres y frwydr wedi dechre cael effaith arna i. Dwedodd e wrtha i am bwyllo ac i beidio â gwylltio a chynhyrfu.

Roedd y trydydd tafliad ges i'n arbennig, dros 45 metr eto, yr hiraf yn y gystadleuaeth tan hynny. Ond, heblaw am y tafliad hwnnw, do'n i ddim wedi bod yn taflu'n dda. Ro'n i'n tueddu i anghofio fy nhechneg lyfn, arferol, a dibynnu gormod ar fy nerth. Yn wir, fe daflodd Karamzadeh ymhellach na fi ar y pedwerydd a'r pumed tafliad, ond fi oedd yn dal ar y blaen. Roedd Anthony yn teimlo'n rhwystredig oherwydd mod i wedi cynhyrfu cymaint. Ar ôl i bawb gael eu pumed tafliad ro'n i'n dal ar y blaen. Ond, wrth gwrs, roedd gan Karamzadeh, oedd yn yr ail safle, un cyfle arall i ennill y gystadleuaeth. Yn sicr roedd y gallu 'da fe i neud hynny.

Mae Karamzadeh ar fin taflu'r ddisgen am y chweched tro, ei dafliad olaf. Mae e yn yr ail safle, ond fe alle fe, gyda'r tafliad yma, symud i fod yn gyntaf yn fy lle i. Mae cymaint o ofon arna i ei fod e'n mynd i lwyddo ac yn mynd i ennill y fedal aur. Mae un cynnig arall ar ôl 'da fi. Ond os yw e'n taflu'r ddisgen yn bellach na 45 metr 37 cm, sef pellter fy nhrydydd tafliad i, fe fydd ar y blaen. Fe fydd hi'n dipyn o sialens wedyn i fi daflu yn bellach na fe gyda fy nhafliad olaf.

Mae e'n troi yn y cylch taflu ac yn gollwng y ddisgen. Dwi ddim yn gallu edrych arno, dim ond eistedd ar y llawr a syllu ar fy nhraed ... a gobeithio. Mae'r ddisgen yn hedfan drwy'r awyr ac yn mynd yn bell, bell. Mae'r dorf yn bloeddio ac mae'r sŵn maen nhw'n ei neud yn awgrymu bod y tafliad yn un da. O na! Mae e wedi dechre gweiddi a sgrechen. Mae e wrth ei fodd gyda'r tafliad ac yn meddwl yn siŵr ei fod e ar y ffordd i ennill y fedal aur. Mae ofon arna i y galle hynny fod yn wir. Nawr mae e wedi cwympo ar ei bennau gliniau ac yn cusanu'r ddaear, i ddiolch i Allah.

Mae'r dorf wedi tawelu a'u holl sylw ar y sgorfwrdd. Dwi'n meddwl mod i'n gallu eu clywed nhw'n anadlu, mae hi mor dawel. Dwi'n edrych draw yn sydyn tuag at Anthony er mwyn cael rhyw syniad o beth roedd e'n ei feddwl am y tafliad. Ond mae ei sylw e hefyd ar y sgorfwrdd.

Mae'r dorf wedi dechre gweiddi, maen nhw wedi mynd yn wyllt! Beth sydd wedi digwydd? Mae pellter tafliad Karamzadeh ar y sgorfwrdd ... 44.98 metr. Dwi ddim yn gallu credu'r peth, dwi wedi ennill y fedal aur! Mae'r freuddwyd oedd 'da fi ers blynyddoedd wedi dod yn wir!

Beth yw'r Gêmau Paralympaidd?

YN RHUFAIN YN 1960 y cafodd y Gêmau Paralympaidd cyntaf eu cynnal ac roedd 400 o athletwyr, o 23 o wledydd, yn cystadlu yno. Dim ond athletwyr mewn cadair olwyn fyddai'n cymryd rhan bryd hynny. O'r 57 cystadleuaeth a gafodd eu cynnal yno roedd pob un ond un yn gystadleuaeth 'taflu' o ryw fath. Câi cystadleuaeth taflu'r ddisgen, un o fy nghampau i, ei chynnwys yn y Pentathlon yn y gorffennol, ac mae'n debyg ei bod yn mynd 'nôl i'r flwyddyn 708 Cyn Crist. Eto, ni chafodd y gamp honno ei chynnwys yng Ngêmau Rhufain yn 1960, er bod cystadleuaeth taflu'r siot yno. Ond ers Gêmau Paralympaidd Tokyo yn 1964 fe fu cystadlu ar y ddwy gamp – y ddisgen a'r siot.

Mae nifer yr athletwyr sy'n dod i'r Gêmau Paralympaidd yn llawer uwch erbyn hyn. Yn y Gêmau yn Llundain yn 2012 roedd 4,237 yn cystadlu, o 164 o wledydd gwahanol, mewn 503 o gystadlaethau. Roedd 20 o gampau gwahanol yno, yn cynnwys rygbi cadair olwyn a thennis bwrdd, er enghraifft, ac fe fu 2.7 miliwn o bobol yn eu gwylio nhw mewn gwahanol lefydd. Cafodd pob tocyn ei werthu ar gyfer ambell sesiwn ac roedd yn grêt gweld cymaint yn cefnogi'r Gêmau ac yn mwynhau'r cystadlu.

Wrth gwrs, roedd llawer mwy yn gwylio'r Gêmau Paralympaidd ar y teledu ar draws y byd, mewn dros gant o wledydd i gyd. Doedd y Gêmau hyn erioed wedi cael eu gweld mewn cymaint o wledydd cyn hynny. Channel 4 oedd yn eu dangos ym Mhrydain, ac fe wnaeth hynny yn fyw am 150 o oriau. Roedd 11.2 miliwn o bobol yn gwylio'r seremoni agoriadol, y nifer fwyaf i wylio unrhyw raglen Channel 4 ers deg mlynedd. Ym Mhrydain fe fu bron i 40 miliwn o bobol yn gwylio'r Gêmau Paralympaidd ar y teledu a 3.8 biliwn dros y byd i gyd. Ar ben hynny, bu miliynau lawer yn trydar am y Gêmau ac yn sôn amdanyn nhw ar Facebook. Cafon nhw eu gwylio ar-lein ac ar sawl safle arbennig ar y We oedd yn rhoi sylw i'r Gêmau.

Mae'r sylw mae'r Gêmau Paralympaidd yn ei gael erbyn hyn, yn enwedig ar y teledu, yn golygu bod gan bobol lawer mwy o ddiddordeb mewn campau i'r anabl. Ond mae angen gneud llawer iawn mwy o waith perswadio a chenhadu. Cwmni teledu NBC sydd â'r hawl i ddangos y Gêmau Paralympaidd yn America. Eto, dim ond pum awr o Gêmau Llundain ar dâp gafodd eu dangos ar NBC, a hynny ar sianel deledu roedd pobol yn gorfod talu i'w gwylio. Ni chafodd unrhyw seremoni yn y Gêmau ei dangos yn America. Does gan y wlad honno ddim llawer o ddiddordeb mewn campau i'r anabl. Mae'n siŵr hefyd fod y sylw pitw y bydd y campau paralympaidd yn ei gael yno'n gyfrifol i raddau helaeth am y ffaith taw dim ond chweched oedd America yn nhabl y medalau yn Llundain, gan ennill 98 medal. China enillodd y nifer fwyaf o fedalau, drwy ennill 231 medal, a Phrydain yn drydydd, gyda 120 o fedalau. Yn sicr, doedd neb o America yn agos at gael medal yn y ddwy gystadleuaeth ro'n i'n cymryd rhan ynddyn nhw.

Mae nifer yr athletwyr sy'n cystadlu yn y Gêmau yn dibynnu llawer ar y nawdd y byddan nhw'n ei gael gan eu gwledydd. Ym Mhrydain, fel mewn nifer o wledydd eraill, mae'r arian a ddaw gan y Llywodraeth i gynnal chwaraeon yn cael ei rannu'n gyfartal rhwng yr athletwyr Paralympaidd a'r athletwyr Olympaidd. Yn America, tan ryw bum mlynedd yn ôl, doedd yr athletwyr Paralympaidd ddim yn cael unrhyw nawdd ariannol gan Bwyllgor Olympaidd America. Ro'n nhw'n gorfod dibynnu ar yr arian y byddai'r cwmnïau teledu yn fodlon ei dalu am ddangos eu cystadlaethau. Roedd y swm hwnnw'n fach gan nad oedd gan y cwmnïau teledu lawer o ddiddordeb. Eto, mae pethe wedi gwella rhywfaint ac yn ystod y ganrif hon mae'r arian y bydd athletwyr Paralympaidd America yn ei gael gan Bwyllgor Olympaidd eu gwlad wedi treblu.

Mae holl gampau athletwyr anabl yn cael eu rheoli gan y Pwyllgor Paralympaidd Rhyngwladol (yr IPC). Er mwyn iddyn nhw gael cystadlu yn erbyn ei gilydd mae'r Pwyllgor yn eu rhannu yn chwe dosbarth gwahanol. Mae pob un o'r chwe dosbarth ar gyfer athletwyr sydd â math arbennig o anabledd. Mae un ar gyfer athletwyr sydd wedi colli aelod neu ran o'r corff neu sydd ag aelod o'r corff nad yw'n gweithio'n iawn. Mae'r rhai eraill ar gyfer athletwyr sy'n dioddef o barlys yr ymennydd, athletwyr sy'n ddall neu sydd â nam ar eu golwg, athletwyr sydd ag anaf drwg i'r cefn, athletwyr sydd ag anabledd meddwl, ac athletwyr sydd â rhyw anabledd arall. Wedyn, pan fyddan nhw'n cystadlu, bydd yr athletwyr ym mhob dosbarth yn cael eu rhannu yn grwpiau llai, yn ôl pa mor anabl ydyn nhw.

Dwi'n cystadlu yn y grŵp F42–46 – mae'r llythyren F yn golygu *field event*. Mae'r dosbarth hwn ar gyfer y rhai sydd wedi colli aelod o'r corff, neu sydd ag aelod o'r corff nad yw'n gweithio'n iawn. O fewn y grŵp hwnnw, mae'r rhifau 42–44 ar gyfer athletwyr sydd â nam ar eu coesau, naill ai yn uwch na'r ben-glin neu o dan y ben-glin. Yn y dosbarth T44, mae'r llythyren T yn golygu *track event*, a dyna'r dosbarth roedd yr enwog Oscar Pistorius o Dde Affrica yn rhedeg ynddo. Mae'r rhifau F45–46 ar gyfer athletwyr sydd â nam ar eu breichiau, naill ai yn uwch na'r benelin neu o dan y benelin. Felly, F42 yw'r grŵp ar fy nghyfer i, ond bydd athletwyr o'r grwpiau F43 ac F44 weithiau yn yr un gystadleuaeth, er y bydd ganddyn nhw ychydig o fantais.

Fel y Gêmau Olympaidd, bydd y Gêmau Paralympaidd yn cael eu cynnal bob pedair blynedd. Roedd Rhufain, yn 1960, ac yna Tokyo, yn 1964, yn gartref i'r ddau ddigwyddiad. Dim ond ers 1988, pan oedd y Gêmau yn Seoul, mae'r Gêmau Olympaidd a'r Gêmau Paralympaidd wedi cael eu cynnal yn rheolaidd yn yr un ddinas.

Dyddiau cynnar

Fᴇ ɢᴇs ɪ ғʏ ngeni ym Mhen-y-bont ar Ogwr yn 1991. Pan fydda i'n hel atgofion am y dyddiau cynnar hynny, dwi'n cofio i fi fod mewn cadair olwyn bron drwy'r holl gyfnod hwnnw. Wrth gwrs, nid fel 'na oedd hi mewn gwirionedd, er y byddwn i'n treulio cyfnodau hir yn y gadair. Fe ges i fy ngeni gyda'r cyflwr *talipes* a *hemi-hemilia*, sy'n golygu bod esgyrn a gewynnau yn eisie yn fy nghoes dde. Mae'r goes honno bum modfedd yn fyrrach na'r goes chwith, ac roedd hyn yn broblem fawr. Byddai hynny hefyd yn gallu achosi problemau eraill. Heblaw fod rhywbeth wedi cael ei wneud i drio gwella'r sefyllfa, mae'n bosib y byddwn i wedi dioddef niwed i'r pelfis. Byddai'r asgwrn cefn hefyd yn debyg o fynd yn gam.

Does dim teimlad 'da fi yn fy nhroed dde, sydd yn fach iawn, a does dim modd i fi ei symud hi o gwbl. Fe fydda i'n gwisgo ffrâm arbennig yn fy esgid sy'n golygu fy mod yn gallu rhoi fy mhwysau arni, fel troed go iawn. Mae darnau o fetel a phlatiau'n cysylltu fy nhroed gyda fy mhigwrn er mwyn gneud yn siŵr y bydd hi'n cloi yn ei lle. Gan nad oedd fy nghoes dde yn gallu tyfu, roedd gen i ffrâm arbennig amdani i helpu i'w gneud hi'n hirach. Fe fyddai'n rhaid i fi fynd i'r ysbyty am gyfnod bob rhyw ddwy flynedd i gael llawdriniaeth i dorri'r goes. Yna, fe fyddai'r meddygon yn ailosod y ffrâm, oedd yn cynnwys 36 o binnau. Wedyn yn rheolaidd, ar ôl mynd gartre, fe fyddwn i neu Nhad yn gorfod tynhau gwahanol binnau ar y ffrâm drwy droi teclyn arbennig â llaw. Byddai hyn, yn raddol, yn estyn y goes, nes byddai hi'n bryd mynd yn ôl am lawdriniaeth arall. Dyna oedd y patrwm bob dwy flynedd tan i fi gyrraedd tua 16 oed.

Yn Ysbyty Sheffield y byddwn i'n cael y llawdriniaeth gan taw yn fan'na roedd yr arbenigwyr gorau ar y math o anabledd oedd 'da fi. Fe wnaethon nhw edrych ar fy ôl i'n ardderchog am flynyddoedd. Fe wnaeth staff Ysbyty Llandochau, ar bwys Penarth, roi gofal arbennig i fi hefyd, pan fu'n rhaid i fi gael triniaethau eraill. Byddwn i yn Ysbyty Sheffield am ryw fis ar y tro gan amla oherwydd bod eisie tipyn o ofal arna i. Roedd yn rhaid gneud yn siŵr nad oedd unrhyw haint yn effeithio ar y clwyf ar fy nghoes yn dilyn y llawdriniaeth. Ond roedd hynny'n gallu digwydd er gwaetha'r holl ofal ro'n i'n ei gael. Do, un tro fe ges i MRSA, sy'n haint difrifol iawn.

Ar ôl pob llawdriniaeth roedd gofyn mynd 'nôl yn gyson i'r ysbyty, rhyw dair neu bedair gwaith yr wythnos, falle. Roedd angen gneud yn siŵr fod y pinnau wedi'u gosod yn iawn. Dwi ddim yn gwybod shwd lwyddodd fy rhieni i fynd â fi 'nôl a mlaen yno mor aml, ar daith mor hir, ar hyd y blynyddoedd. Mae arna i ddyled fawr iddyn nhw am neud cymaint o ymdrech i sicrhau mod i'n cael bywyd mor normal â phosib.

Yn Ysgol Gynradd Gymraeg Bro Ogwr fe fyddwn i'n absennol am fisoedd lawer weithie ond roedd gen i ffrindiau da fyddai'n fy helpu fi gyda'r gwaith ro'n i'n ei golli. Os o'n i'n cael trafferth i neud ambell beth, ro'n nhw wastad yna i edrych ar fy ôl i. Roedd yr athrawon hefyd yn garedig iawn. Doedd Mam na Nhad ddim yn siarad Cymraeg, er bod Mam wedi dechrau dysgu'r iaith erbyn hyn. Dwi mor falch eu bod nhw wedi fy hala fi i ysgol Gymraeg. Byddwn i'n teimlo'n dipyn llai o Gymro heb allu siarad Cymraeg. Mae teulu Mam yn dod o ardaloedd Abertawe a Chastell-nedd ond roedd fy nhad-cu ar ochr Nhad yn dod o Dde Affrica.

Pan fyddwn i'n mynd 'nôl i Ysgol Bro Ogwr ar ôl triniaeth yn yr ysbyty fe fyddai'n rhaid i fi gael ffisiotherapi yn rheolaidd. Yn ystod oriau ysgol, yr athrawon fyddai'n gneud hynny, fel arfer yn ystod yr awr ginio. Doedd dim raid iddyn nhw neud hynny ac mae'n siŵr, heddiw, fydden nhw ddim yn cael fy helpu. Ond fe fydda i'n ddiolchgar iddyn nhw am byth am y ffordd y llwyddon nhw i neud fy nghyfnod i yn yr ysgol gynradd yn un hapus iawn. Ro'n i mor falch o gael y cyfle ychydig yn ôl i fynd 'nôl i'r ysgol i ddangos fy medalau i'r plant.

Yn rhyfedd iawn, er mod i weithie mewn cadair neu dro arall ar faglau, do'n i ddim yn *teimlo* mod i'n wahanol. Byddai'r athrawon yn gadael i fi gymysgu a chystadlu â'r plant eraill er mwyn i fi gael bod mor normal â phosib. Am gyfnod o ryw flwyddyn rhwng pob llawdriniaeth fe fyddwn i'n rhedeg ar hyd y lle gyda'n ffrindiau ac yn chwarae'r un gêmau â nhw. Roedd chwaraeon fel pêl-droed, rygbi a nofio yn llanw fy mywyd, ac fe fyddwn i'n anghofio yn aml iawn fod unrhyw beth yn bod arna i. Yr adeg honno, y ddau dîm pwysica yn y byd i fi oedd tîm pêl-droed Lerpwl a thîm rygbi'r Gweilch.

Y tu fas i'r ysgol, ro'n i'n aelod o'r Clwb Achub Bywyd ym Mhen-y-bont ac wedi hen arfer cystadlu yn erbyn pobol oedd â dim byd yn bod arnyn nhw. Hefyd, gartre gyda fy mrawd, sydd chwe blynedd yn henach na fi, fe fyddwn i'n trio fy ngorau i fod cystal â fe ym mhob siort o chwaraeon. Dyna oedd y peth normal i'w neud, yn fy meddwl i. A chwarae teg i fy rhieni, wnaethon nhw erioed fy rhwystro i, na thrio fy mherswadio i beidio â gneud y pethe oedd falle braidd yn anodd, yn enwedig i rywun anabl. Eto, mae'n siŵr fod chwys oer yn dod drostyn nhw pan fydden nhw'n fy ngweld i'n trio gneud yr hyn roedd pawb arall yn ei neud.

Ond beth oedd yn bwysig i fi oedd eu bod nhw'n fy nhrin i'n gwmws yn yr un ffordd â fy mrawd. Roedd hyn wedyn yn help mawr i fi ddysgu shwd i fod yn annibynnol a thrwy hynny i fod yn hyderus, er gwaetha'r ffaith mod i'n anabl. Eto, wrth daflu fy hunan i mewn i chwarae'r gwahanol gêmau hyn gyda phawb arall, ro'n i'n gorfod diodde tipyn o boen yn aml. Ond ro'n i'n barod i neud 'ny, achos mod i'n cael cymaint o sbort a phleser. Beth bynnag, fe ddes i i arfer â chael poen.

Symud mlaen

FEL ARFER, ROEDD HI'N cymryd rhyw chwech wythnos i fi ddod dros bob llawdriniaeth. Ond dwi'n cofio un cyfnod, pan o'n i ym Mlwyddyn 9 yn Ysgol Gyfun Llanhari, y bu'n rhaid i fi gael gwersi gartre 'da Miss Thomas am y flwyddyn gyfan. Wnaeth hynny ddim drwg i fi o gwbl ac, er cymaint ro'n i'n licio cwmni ffrindiau, fe wnes i fwynhau'r gwersi hynny'n fawr iawn. Eto, ro'n i wrth fy modd yng nghanol bwrlwm yr ysgol hefyd.

Fe gyrhaeddes i Ysgol Gyfun Llanhari ar fy niwrnod cyntaf yn fy nghadair olwyn ac, fel yn Ysgol Bro Ogwr, fe ges i bob croeso a chefnogaeth gan y staff a'r disgyblion. Fe wnaeth y Prifathro, Mr Peter Griffiths, i fi deimlo'n gartrefol o'r dechre, ond yn anffodus fe adawodd e ar ddiwedd fy mlwyddyn gyntaf yn yr ysgol. Yna, yn ystod gweddill fy nghyfnod yno bu Mr Meirion Stephens yn gymorth mawr i fi.

Erbyn hynny ro'n i hyd yn oed yn fwy penderfynol o beidio â chael fy nhrin yn wahanol i bawb arall, ac yn Llanhari fe ges i brofiad llawn iawn o fywyd yr ysgol. Roedd chwaraeon yn hollbwysig i fi o hyd ac fe fues i'n chwarae fel canolwr a blaenasgellwr yn nhimau rygbi'r ysgol.

Fe fyddwn i'n mynd i'r gwersi addysg gorfforol ond roedd rhai pethe do'n i ddim yn gallu eu gneud yn y gampfa.

Eto, ro'n i wrth fy modd yn wynebu'r sialens roedd yr offer gwahanol yn ei chynnig. Fe fyddwn i hefyd yn rhedeg yn y rasys traws gwlad ac yn gwrthod derbyn unrhyw gynnig i gael rhedeg ras fyrrach na'r disgyblion eraill. Ar ddiwrnod mabolgampau'r ysgol byddwn i'n cystadlu ar y rasys 1,500 metr a 5,000 metr bob amser. Yn y campau hyn y fi fydde'r olaf i groesi'r llinell derfyn ond fe fyddwn i bob amser yn gneud ymdrech fawr i neud fy ngorau.

Y tu fas i'r ysgol byddwn i'n mynd ar ambell drip gyda fy nosbarth ac yn gorfod derbyn mod i ddim yn gallu neud rhai pethe. Doedd dim iws i fi ymuno â nhw ar yr iâ pan fydden ni'n ymweld â'r ganolfan sglefrio. Serch hynny, ro'n i wrth fy modd yn cymryd rhan yn yr hwyl oedd i'w gael ar drip o'r math hwnnw. Yn ystod y dyddiau hynny beth ro'n i'n licio'i neud fwyaf yn fy amser hamdden oedd cymryd rhan yn rasys y Clwb Achub Bywyd ym Mhen-y-bont. Fe fyddwn i'n cystadlu mewn nifer o lefydd ac yn mwynhau pob munud.

Roedd safon fy nofio i'n arbennig o dda ond doedd hynny ddim bob amser yn ddigon. Mewn rhai rasys awyr agored bydden ni'n dechre ar y traeth. Yna, fe fydde pawb yn rhedeg ar wib am 60 metr, am y cyntaf i gyrraedd y môr. Fi fydde'r olaf i gyrraedd. Yna, bydde'n rhaid i ni i gyd nofio am 300 metr ac ro'n i'n nofiwr digon da i basio pawb a mynd ar y blaen. Yn anffodus, roedd rhan olaf y ras yn gofyn i ni redeg ar hyd y traeth am 100 metr at y llinell derfyn. Y fi fydde'r olaf i gyrraedd bob amser.

Rhyw ddiwrnod, ar ôl gweld hysbyseb mewn papur newydd, gofynnodd Mam i fi a faswn i'n licio ymuno â chlwb nofio i'r anabl ym Mhen-y-bont. Pan es i yno do'n i ddim yn hollol siŵr beth oedd yn digwydd, achos doedd neb yno ag anabledd corfforol. Roedd gan y rhan fwyaf anawsterau dysgu ond fe fyddwn i'n arfer neud yn dda iawn yn eu herbyn nhw. Er hynny, ro'n i dan anfantais oherwydd fy nghoes. Ymhen amser fe ddes i i sylw Gerwyn Owen, prif swyddog Academi Nofio Cymru. Fe ges i wahoddiad i fynd atyn nhw i ymarfer yn eu canolfan yn Abertawe ryw dair gwaith yr wythnos. Roedd nofwyr anhygoel yn eu plith nhw fydde'n dod yno o bell ac agos. Roedd gan lawer ohonyn nhw anabledd tipyn mwy difrifol na fi. Un fydde'n ymuno â ni yn y man fydde'r enwog Ellie Simmonds, sy wedi dod â thipyn o glod i'r Academi yn Abertawe.

Pan o'n i tua 13 mlwydd oed fe gymeres i ran yn fy nghystadleuaeth gyntaf gyda nhw. Ras dull pilipala oedd hi, ac roedd yn rhaid nofio 'nôl a mlaen ar hyd y pwll bedair gwaith. Dwi'n cofio sefyll ar y bloc lansio cyn dechrau'r ras gan fwrw golwg ar hyd y llinell o nofwyr oedd yn cystadlu yn fy erbyn i. Roedd pob un yn dioddef o ryw anabledd corfforol ac ar y pryd fe feddylies i fod 'da fi siawns eithaf da yn eu herbyn nhw. Ac yn wir fe ddes i'n gyntaf, gan orffen pedwar hyd y pwll erbyn i'r gweddill nofio tri hyd.

Roedd e'n deimlad mor ffantastig ac mor newydd. Yn lle dod yn olaf, ro'n i, o'r diwedd, pan o'n i'n cystadlu ar lwyfan cyfartal, nawr yn gallu bod yn gyntaf. Ar yr un pryd ro'n i'n sylweddoli y bydde gofyn i fi fod yn hapus i gystadlu ar lefel nofwyr anabl o hynny mlaen. Ond doedd dim ots 'da fi o gwbl achos ro'n i'n gallu gweld bod byd newydd ar fin agor i fi.

Tua'r adeg yma fe fuodd Mam yn edrych am ffyrdd eraill o roi hwb i fy hyder i. Fe ddechreuodd fynd â fi i ddosbarthiadau dawnsio salsa ac fe ges i dipyn o hwyl arni. Fe gyrhaeddes i safon eithaf da, gan ddod yn drydydd ym Mhencampwriaethau Salsa Prydain ar gyfer fy ngrŵp oedran i ac yn Bencampwr Cymru. Fe fu pobol yn tynnu fy nghoes i am hynny ar hyd y blynyddoedd, ond fe wnes i fwynhau'r profiad yn fawr ac fe wnaeth e dipyn o les i fi.

Fe fues i'n nofio i dîm anabl Cymru sawl

gwaith ac fe ddes i'n gyntaf mewn sawl pencampwriaeth, gan ennill nifer o fedalau. Ces fy newis yn 2005 i gynrychioli Tîm Iau Prydain ym Mhencampwriaeth Nofio Paralympaidd Ewrop yn Sheffield, yn y rasys dull pilipala dros 50 metr a dros 100 metr. Roedd y cyfan yn agoriad llygad i fi. Yn y rownd ragbrofol fe nofies i'n gyflymach nag o'n i erioed wedi'i neud cynt a hynny dros y ddau bellter. Ond fe ddes i'n olaf. Dwi'n cofio meddwl ar y pryd, 'Rwyt ti'n meddwl dy fod ti'n dda ... wel, dwyt ti'n amlwg ddim mor dda â hynny!'

Ro'n i'n ifanc ac yn fach iawn o'i gymharu â rhai o'r aelodau eraill yn y tîm. Felly, fe geisiodd Cymdeithas Nofio Prydain fy nghysuro drwy ddweud wrtha i y gallwn i fod yn un o sêr tîm nofio Prydain yng Ngêmau Paralympaidd 2016 neu 2020. Ond ro'n i'n ddiamynedd, felly do'n i ddim yn barod i aros mor hir â hynny. Er mod i ymhlith yr wyth nofiwr gorau ym Mhrydain o fewn fy ngrŵp oedran ac anabledd, ro'n i'n gwbod nad o'n i ddim yn ddigon da. O ganlyniad, yn y man fe golles fy lle fel aelod o Academi Nofio Cymru.

Dewis llwybr newydd

Yn FUAN WEDYN FE ddaeth Anthony Hughes ata i, a dyna'r person fu'n gyfrifol am newid fy mywyd i'n llwyr. Y fe yw Rheolwr Perfformio Cenedlaethol Chwaraeon Anabl Cymru. Fe ddwedodd wrtha i nad oedd e ddim yn meddwl y byddwn i'n cael llawer o lwyddiant ar y lefel uchaf fel nofiwr. Ar y llaw arall, roedd e o'r farn bod 'da fi'r ddawn i neud yn dda mewn rhyw gamp arall.

Nawr roedd llawer o barch i Anthony yn y byd athletau. Fe fuodd e'n cystadlu ar y siot a'r waywffon yng Ngêmau Paralympaidd Barcelona yn 1992, ac fe fu'n bencampwr y byd ar y siot. Yn wir, ar un adeg roedd yn dal record y byd yn y gamp honno. Ond ar ôl rhoi'r gorau i gystadlu oherwydd anaf, fe ddaeth Anthony yn hyfforddwr athletau heb ei ail. Fe gafodd ei benodi i'w swydd bresennol yn 1999. Y llynedd fe gafodd yr MBE am ei holl waith gwerthfawr yn y byd hwnnw, ac yn 2011 fe gafodd ei ddewis yn Hyfforddwr Gorau'r Flwyddyn gan Chwaraeon Cymru y BBC.

Iddo fe mae'r clod am y llwyddiant dwi wedi'i gael hyd yn hyn, ac mae fy niolch iddo fe'n fawr iawn. Heb ei gefnogaeth e a'r oriau o hyfforddiant arbennig a ges i ganddo, mae'n siŵr taw dim ond nofiwr cyffredin, a dim byd arall, fyddwn i heddiw. Ar ben hynny, mae ei frwdfrydedd a'i ofal drosof i wedi bod o gymorth mawr.

Yn 2005 fe drefnodd Chwaraeon Anabl Cymru ddiwrnod agored arbennig yn y Ganolfan Genedlaethol ar gyfer Athletau Dan Do yng Nghyncoed. Pan awgrymodd Anthony y dylwn i fynd yno, ro'n i'n awyddus iawn i roi cynnig arni. Yno, fe fydde cyfle gan unigolion i ddangos a oedd unrhyw dalent arbennig 'da nhw mewn rhyw gamp neilltuol.

Felly, ar y diwrnod hwnnw, ac ar sawl adeg arall yn ystod yr wythnosau nesaf, fe roies i gynnig ar bob math o gampau, fel rhwyfo, tennis bwrdd, a seiclo. Ond diflasu arnyn nhw wnes i, er mod i'n teimlo bod 'da fi ryw dalent yn cuddio yn rhywle. Felly, dyma Anthony yn awgrymu y dylwn i ystyried athletau. Ro'n i'n meddwl ei fod e'n tynnu nghoes i i ddechre, a'i fod e eisie i fi ddechre rhedeg! Oherwydd, yn fy meddwl i roedd y gair 'athletau' yn golygu rhedeg ar y trac. Do'n i erioed wedi gwylio unrhyw gystadleuaeth maes, fel taflu o unrhyw fath, ar y teledu. Ond estynnodd Anthony ddisgen i fi, ac yna siot, a gofyn i fi eu taflu nhw. Dyna ddechre perthynas arbennig iawn rhyngof i a'r ddwy gamp honno.

Fe hedfanodd y ddisgen mas o'n llaw i, fel y gwnaeth y siot ychydig wedyn. Roedd fel petai gen i ryw dechneg naturiol, heb fod angen i fi sbinio o gwbl i greu momentwm. Daeth Anthony ata i a dweud y galle fe fy neud i'n bencampwr byd. Mewn gwirionedd, roedd e wedi synnu cymaint â fi at yr hyn roedd e newydd ei weld. Er mor anhygoel roedd hynny'n swnio i fi, ro'n i wrth fy modd. Y cam nesaf, ar ôl y diwrnod sbesial hwnnw, oedd cael ychydig o sesiynau gydag Anthony i drefnu pa fath o dechneg taflu oedd yn fy siwtio i orau.

Yn y man fe awgrymodd y dylwn i gystadlu ym Mhencampwriaethau Paralympaidd Iau Prydain yn Blackpool, ar y siot a'r ddisgen, yn 2006. Er mawr syndod, enilles i'r fedal aur yn y ddwy gystadleuaeth gan dorri record y Pencampwriaethau hynny hefyd yn y ddwy gamp. Ar ben hynny, roedd y safon ro'n i wedi'i chyrraedd yn fy neud i'n gymwys i gystadlu ym Mhencampwriaethau Iau y Byd yn Nulyn yn ddiweddarach y flwyddyn honno. Yn y man fe ges i glywed fy mod wedi cael fy newis i gynrychioli Prydain yn y gêmau hynny.

Y flwyddyn honno fe gymeres i ran hefyd ym Mhencampwriaethau Athletau Ysgolion Prydain, gan ddod yn ail yng nghystadleuaeth y ddisgen. Yn rhyfedd iawn, do'n i ddim yn ddewis cyntaf i'r ysgol ar y pryd yn y gamp arbennig honno. Y bachgen enillodd y fedal aur ym Mhencampwriaethau Prydain oedd Josh Morgan, pencampwr Ysgol Llanhari. Ond, y flwyddyn wedyn, a finnau wedi gadael yr ysgol erbyn hynny, fe ddes i'n gyntaf mas o 38 o gystadleuwyr.

Ar gais Anthony daeth rhai o ddynion pwysicaf y byd athletau ym Mhrydain i fwrw golwg arna i'n taflu. Ro'n nhw o'r farn mod i'n dda a bod 'da fi dechneg ardderchog. Eto, do'n nhw ddim yn meddwl mod i'n ddigon mawr i gyrraedd y brig yn y campau ro'n i am eu dilyn, sef y siot a'r ddisgen. Ar un ystyr roedd hynny'n wir gan taw dim ond rhyw 5 troedfedd a 6 modfedd o'n i, ac yn pwyso tua naw stôn a hanner yn unig. Roedd bron pob un arall oedd yn cystadlu ar y campau hynny yn gawr o'i gymharu â fi.

Doedd Anthony ddim yn cytuno â barn y dynion pwysig hyn ac roedd e am brofi eu bod nhw'n anghywir. Fe wnaeth e hynny mewn ffordd oedd yn ymddangos, ar y dechre, yn rhyfedd iawn i fi. Gan roi sylw arbennig i'r ddisgen, am oriau bob wythnos fe fyddai'n gofyn i fi daflu rhywbeth tebyg i goeten rwber. Mae'n rhaid i fi gyfadde mod i'n meddwl ar y pryd fod hynny'n *boring* ac yn dda i ddim i rywun fel fi, oedd i fod i daflu pethe trymach o lawer.

Ond ymhen amser, yn rhyfeddol, fe wellodd fy arddull wrth daflu, a'r ffordd ro'n i'n dal fy nghorff. Ar ôl rhai misoedd, roedd fy nhechneg i'n llawer mwy llyfn ac yn gyflymach. Dysges i wers bwysig iawn, sef nad oes raid i rywun fod yn anferth ac yn ofnadwy o gryf i fod yn daflwr disgen o safon. Yn ddiddorol iawn hefyd, ar y pryd doedd gan Anthony ddim cynlluniau i drio fy neud i'n fwy o faint. Wnaeth e ddim gofyn i fi wneud ymarferion codi pwysau na dilyn deiet arbennig. Er hynny, ro'n i'n awyddus iawn i fod yn fwy, ond ymateb Anthony oedd dweud wrtha i am beidio poeni. Awgrymodd y byddwn i'n fawr ryw ddiwrnod. Roedd e'n dweud y gwir.

Neud marc

RO'N I'N NERFUS IAWN wrth gystadlu ym Mhencampwriaethau Iau y Byd yn Nulyn. Wedi'r cyfan, dim ond 16 oed o'n i. Roedd criw o fois anferth a llawer mwy profiadol na fi'n cystadlu yn fy erbyn. Doedd y cynigion cyntaf ges i ar daflu'r ddisgen ddim yn arbennig o dda ond yna, gyda fy nhafliad olaf, fe enilles i'r fedal aur, o un centimetr yn unig. Ar ôl dim ond naw mis o brofiad gyda'r ddisgen, ro'n i wedi cyrraedd y brig fel athletwr iau yn y gamp honno. Ro'n i wrth fy modd.

Ches i ddim cystal hwyl ar y siot, a dod yn drydydd. Roedd hi'n wahanol i gystadleuaeth y ddisgen, sydd yn gofyn am dechneg dda. I lwyddo gyda'r siot mae'n rhaid bod yn eitha mawr a chryf, hyd yn oed ar y lefel iau. Felly, roedd teithio rhyw bedair gwaith yr wythnos o Ben-y-bont i Gaerdydd i weithio ar fy nhechneg taflu'r ddisgen gydag Anthony wedi gweithio. Yn Nulyn hefyd fe roies i gynnig ar daflu'r waywffon. Er bod 'da fi'r cryfder a'r dechneg i neud hynny'n weddol dda, mae 'na gred yn y byd athletau fod y rhai sy'n dda am daflu gwaywffyn yn cael eu geni ac nid eu creu!

Erbyn hynny ro'n i wedi dod i groesffordd

o ran fy addysg. Ro'n i wedi llwyddo mewn 13 pwnc yn yr arholiadau TGAU gyda gradd C+ neu uwch ym mhob un. Eto, do'n i ddim eisie dilyn llwybr academaidd yn y chweched dosbarth. Roedd chwaraeon yn dal yn hollbwysig i fi, felly fe benderfynes i taw rhywbeth yn y maes hwnnw ro'n i eisie ei neud wrth barhau â'm haddysg. Er mor hapus o'n i yn Ysgol Llanhari ac er bod 'da fi gylch da iawn o ffrindiau 'na, fe adawes i'r ysgol. Fe benderfynes fynd i Goleg Technegol Pen-y-bont i astudio ar gyfer BTEC mewn Chwaraeon o dan gynllun Bagloriaeth Cymru. Roedd hyn yn golygu rhoi sylw manwl i bynciau fel Cyflyru, Adfer a *Massage* ym maes chwaraeon, ac fe ges i lwyddiant gyda chlod yn y tri maes yn yr arholiadau terfynol.

Tua'r adeg yma ro'n i wedi dechre meddwl y dylwn i fod yn fwy o seis. Ro'n i'n mynd i'r *gym* bob cyfle ro'n i'n ei gael, yn bennaf er mwyn codi pwysau. Fe wnes i hyn heb gael cyngor gan unrhyw un ynghylch pa ymarferion oedd yn iawn i fi eu gneud. Wrth feddwl am hynny nawr, fe allwn i fod wedi gneud tipyn o niwed i fi fy hunan, fyddai wedi rhoi stop am dipyn ar fy ngyrfa newydd yn y byd athletau. Gyda'r bwriad o ychwanegu at fy mhwysau, ro'n i hefyd yn cymryd pob math o bethe, fel *protein shakes*. Roedd hyn hefyd, wrth ystyried hynny heddiw, yn beth twp i'w neud. Gallwn i fod wedi cymryd rhywbeth oedd yn cael ei ystyried yn anghyfreithlon yn ôl rheolau'r byd athletau. Er, fe fydden ni, athletwyr, yn cael prawf cyffuriau cyn pob cystadleuaeth swyddogol. Fe ges i un ym Mhencampwriaethau'r Byd yn Nulyn, a'i basio heb unrhyw broblem. Felly, beth bynnag ro'n i wedi bod yn ei gymryd, wnaeth e ddim drwg i fi ... ac fe lwyddes i ychwanegu at fy mhwysau.

Un peth arall annoeth iawn ro'n i'n dal i'w neud oedd chwarae rygbi i glwb Bridgend Sports. Erbyn hynny ro'n i'n wynebu bois mawr, cryf ar y cae rygbi. Petai fy nghoes i'n derbyn tacl ffyrnig, neu petawn i'n cwympo'n lletchwith arni, gallwn fod wedi cael anaf difrifol. Byddai fy ngyrfa fel athletwr wedi dod i ben bron cyn iddi ddechre. Hefyd, byddai symud o gwmpas o ddydd i ddydd wedi gallu bod yn anodd ac yn boenus iawn hefyd. Felly, fe ddes i'r casgliad fod yn rhaid i fi osgoi mentro gneud y pethe hynny fyddai'n gallu peryglu fy ngyrfa newydd fel athletwr. Roedd angen i fi bellach roi fy holl sylw ar drio llwyddo yn y byd hwnnw.

Ro'n i'n dal i wella fel taflwr ac fe ges i dymor eithaf da yn 2007. Chyrhaeddes i ddim y safon roedd ei hangen i gael fy ystyried yn un o'r cystadleuwyr gorau yn y dosbarth hŷn o athletwyr – sef yr hyn oedd yn cael ei alw yn

Safon A. Eto, ro'n i gyda'r gorau yn yr ail gategori. Byddai cyrraedd Safon A wedi golygu y byddwn i'n cael fy newis yn aelod o Dîm Hŷn Prydain ar gyfer Pencampwriaethau'r Byd yn Taipei. Ro'n i, felly, wedi derbyn mod i ddim yn ddigon da i fod yn rhan o ddigwyddiad mor fawr. Ond ro'n i'n byw mewn gobaith y bydden nhw'n mynd â fi yno er mwyn rhoi cyfle i fi ennill profiad ar lwyfan byd-eang. Er hynny, fe ges i gythraul o sioc pan ddwedodd Prif Hyfforddwr y Tîm Hŷn wrtha i mod i wedi cael fy newis i fynd gyda nhw i Taiwan. I grwt 16 oed roedd hynny'n newyddion ffantastig!

Roedd y daith yn un antur fawr. Yn gyntaf ro'n i'n aros mewn gwesty rhyfeddol. Ar yr union adeg pan o'n ni yno roedd tipyn o drwbwl rhwng Taiwan a China. Roedd Arlywydd y wlad honno ar ymweliad â Taipei ac yn aros yn yr un gwesty â fi. Daethon ni i sylweddoli'n gynnar iawn faint o wahaniaeth oedd rhwng arferion ein gwlad ni a rhai'r Dwyrain Pell. Pan aethon ni i lawr i swper yn y gwesty ar y noson gyntaf roedd bwffe gwych wedi'i baratoi ar ein cyfer ni. Ymhlith y danteithion oedd yn cael eu cynnig roedd wyth platied o ffowlyn wedi'u paratoi mewn wyth ffordd wahanol. Wel, dyna beth ddwedon nhw wrthon ni. Mewn gwirionedd, cig neidr, ci a chath oedd cynnwys tri o'r platiau!

O hynny mlaen fe fuon ni'n dibynnu mwy ar fwyd *takeaway*!

Rhywbeth arall oedd yn anodd i ni ddod i arfer ag e oedd y gwres mawr a'r lleithder. Roedd ein tîm meddygol ni'n mynnu ein bod ni'n gwisgo cotiau iâ drwy'r amser. Ro'n nhw fel cotiau glaw â nifer o bocedi a'r rheini'n llawn o iâ. Roedd fy nghystadlaethau i'n cael eu cynnal am 9.15 y bore, ond roedd y tymheredd bryd hynny yn 38 gradd Celsius. Dwi'n cofio, ar ôl fy nhafliad olaf, mai'r peth roddodd gysur mawr i fi oedd arllwys llond casgen o ddŵr oer am fy mhen!

Er mor ifanc o'n i, ches i ddim cymorth nac unrhyw air o gysur gan yr athletwyr oedd yn cystadlu yn fy erbyn i. I'r gwrthwyneb, fe fuodd yn rhaid i fi wrando arnyn nhw'n trio niflasu i trwy wneud sylwadau sbeitlyd. 'Beth wyt ti'n neud fan hyn yng nghanol ni'r dynion, dim ond plentyn bach wyt ti.' Eto, er nad o'n i'n disgwyl ennill medal, roedd y cyfan yn brofiad ardderchog. Fe dafles i'r ddisgen ymhellach nag o'n i wedi'i neud erioed cyn hynny gan gyrraedd pellter o 35.18 metr, i ddod yn bumed mas o ddeg. Dim ond degfed o'n i yng nghystadleuaeth y siot, gyda phellter o 9.18 metr.

Fe wnes i fwynhau'r daith yn fawr iawn. Roedd cael crwydro'r canolfannau siopa yn Taipei yn brofiad sy'n dal i aros yn y cof. Ro'n i'n rhyfeddu at y dewis anferth o nwyddau electronig a'r siopau teiliwr oedd yn cynnig gneud siwt ar eich cyfer chi yn y fan a'r lle. Lle bynnag bydden ni'n mynd, bydden ni'n cael ein trin fel selébs ac roedd ein safon byw tra o'n ni yno yn agoriad llygad i fi. Roedd e'n sicr yn rhywbeth y gallwn i ddod i arfer ag e!

Wynebu'r gorau

CYNHALIWYD Y GÊMAU PARALYMPAIDD yn Beijing yn 2008 ac ro'n i wedi gobeithio cael fy newis i fynd yno, er mor annisgwyl y bydde hynny i bobol yn y byd athletau. Siom ges i o ran y gêmau hynny ond fe ddes i drosti yn gyflym iawn. Pan ddaeth hi'n amser i'w cynnal, gan fod yr achlysur ym mhen draw'r byd, do'n i ddim yn hiraethu cymaint am fod yno. Ro'n i eisoes wedi dechre breuddwydio am Gêmau Llundain yn 2012 gan taw dyna oedd y nod pwysicaf ro'n i wedi'i osod i fi fy hunan. Dechreues i ganolbwyntio ar wella fy safon ac fe weles i newid mawr.

Tafles i'r ddisgen a'r siot ymhellach nag o'n i wedi'i neud erioed cyn hynny. Ond roedd y flwyddyn wedyn hyd yn oed yn well. Ym mis Mehefin fe ddes i'n gyntaf ar y siot ym Mhencampwriaethau Paralympaidd Hŷn Cymru, gyda thafliad o 13.04 metr, oedd yn gynnydd anferth. Ond er i fi gyrraedd 40.56 metr gyda'r ddisgen, oedd unwaith eto'n well o dipyn nag ro'n i wedi'i daflu cyn hynny, dim ond yn y trydydd safle o'n i.

Fe wnes i deithio tipyn i gystadlu yr haf hwnnw, i Nottwil yn y Swistir ac i Olomouc, tref fach hynafol a hyfryd yn y Weriniaeth

Tsiec. Mae'n harddach na Prâg, yn fy marn i, a chafodd ei defnyddio ar gyfer ffilmio ambell olygfa yn y ffilm *Doctor Zhivago*. Ro'n i yno ar gyfer Pencampwriaeth Athletau Agored y wlad ac fe ges i dafliad anhygoel gyda'r ddisgen gan gyrraedd 43.33 metr, yn sicr y gorau erioed i fi ei daflu. Roedd 'na gorwynt yn chwythu ar y pryd ac fe fu'n gymorth mawr i fi daflu mor bell.

Yn wir, aeth bron i ddwy flynedd heibio cyn i fi daflu'r ddisgen ymhellach nag y gwnes i yn Olomouc y diwrnod hwnnw. Yn ddiddorol iawn, mae'r cystadlaethau taflu yn wahanol i'r cystadlaethau neidio a rhedeg yn y byd athletau. Nid yw nerth y gwynt yn cyfrif o gwbl o ran y siot a'r ddisgen. Eto, uchafbwynt y flwyddyn i fi, falle, oedd dod yn gyntaf yn y ddwy gamp ym Mhencampwriaethau Prydain yn Crystal Palace.

Er hynny, fe orffennes i'r tymor cystadlu ar nodyn siomedig o dan amgylchiadau rhyfedd braidd. Ro'n i'n cymryd rhan mewn pencampwriaeth yn Nottingham ac yn cystadlu ar y siot a'r ddisgen. Nawr, mae 'da fi alergedd i unrhyw beth sy'n dod o goed pinwydd. Yn y gawod yn y gwesty lle ro'n i'n aros, ro'n i wedi defnyddio'r *gel* oedd wedi'i roi yno ar gyfer y gwesteion. Heb yn wybod i fi, roedd e wedi cael ei neud o binwydd a rhedyn. O ganlyniad fe ges i frech gochlyd dros fy nghorff i gyd oedd yn neud i fi edrych fel Mr Blobby! Roedd e'n boenus dros ben ond do'n i ddim eisie siomi pobol drwy beidio cystadlu. Fe roies i gynnig ar daflu'r siot a'r ddisgen, a chael canlyniadau gwael.

Gorffennodd y tymor athletau hwnnw gyda dau ddigwyddiad cwbl wahanol i'w gilydd. Yn gyntaf, fe ddechreues i fel myfyriwr ym Mhrifysgol UWIC yng Nghaerdydd, yn dilyn cwrs gradd mewn Rheolaeth Chwaraeon. Ro'n i'n aros yn neuadd breswyl y coleg ar gampws Cyncoed, lle mae cyfleusterau ymarfer a hyfforddi gwych ar gyfer chwaraeon. Roedd e mor gyfleus gallu dihuno yn y bore, dod mas o'r gwely a cherdded draw i'r ganolfan ymarfer a'r trac athletau.

Ar ben hynny, ro'n i wrth fy modd gyda'r annibyniaeth newydd oedd 'da fi fel myfyriwr. Doedd hi ddim yn broblem o gwbl gorfod gofalu amdana i fy hunan, a dwi'n diolch i fy rhieni am hynny. Er gwaetha'r anabledd oedd 'da fi yn grwt, wnaethon nhw ddim fy rhwystro i erioed rhag byw bywyd mor normal â phosib. Mae'n siŵr eu bod nhw wedi gorfod cau eu llygaid ar brydiau pan fydden nhw'n fy ngweld i'n trio dilyn fy mrawd hŷn i bob man. Pa sialens bynnag y byddai'n penderfynu ei hwynebu, byddwn innau'n dynn ar ei sodlau yn gneud yr un peth.

O ganlyniad, pan ddaeth yr amser i fi adael cartref a cholli gofal fy rhieni yn y coleg, do'n i'n poeni dim. Fe dafles i fy hunan yn frwd i mewn i'r bywyd newydd gan fwynhau hwyl y bar a'r disgo cymaint ag unrhyw fyfyriwr arall. Yn wir, am y pythefnos cyntaf ro'n i mas bob nos, ond sylweddoles i mewn pryd mod i wedi dod i'r coleg i weithio. Felly, fe lwyddes i wedi hynny i gadw at batrwm oedd yn rhannu fy amser yn deg rhwng gwaith coleg, mwynhau'r bywyd cymdeithasol ac ymarfer athletau.

Fel arfer, byddwn i'n mynd i ddarlithoedd yn y bore cyn cael sesiwn ffitrwydd wedyn yn y *gym*. Yna, ar ôl mynd i ddarlithoedd yn y prynhawn fe fyddwn i'n treulio rhywfaint o amser yn ymarfer taflu'r ddisgen a'r siot. Gyda'r nos, fe fyddwn i'n trio cael amser i fynd i lawr i'r *gym* yng Nghanolfan Chwaraeon Cymru yn y pencadlys yng Ngerddi Sophia. Yno, ro'n i'n gallu trafod a derbyn cyngor yng nghwmni aelodau o'r tîm hyfforddi oedd yn gofalu am fy ngyrfa fel athletwr.

Yn ystod fy nghyfnod yn UWIC fe fues i'n lwcus fod y coleg mor barod i hwyluso'r yrfa honno. O bryd i'w gilydd, fe gytunon nhw i symud fy arholiadau i. Ar adegau eraill gadawon nhw i fi gael cyfnod o beidio â mynd i'r coleg, er mwyn imi allu cystadlu mewn pencampwriaeth bwysig. Dwi'n ddiolchgar iawn iddyn nhw am eu cymorth.

Yr ail ddigwyddiad o bwys tua diwedd y

flwyddyn honno oedd i fi gael dau anaf eithaf cas – i un o'r gewynnau yn fy ochor a hefyd i mhenglin. Roedd hyn yn golygu na allwn i ymarfer na chystadlu am fisoedd.

Codi safon

ERS I FI DDECHRE ar y siot a'r ddisgen yn 15 oed, ro'n i'n dibynnu ar wisgo ffrâm arbennig am fy nghoes dde. Roedd hyn yn gadael i fi roi fy mhwysau arni wrth daflu. Gan y Gwasanaeth Iechyd y byddwn i'n cael y fframiau hyn, a bydden nhw'n eu newid bob hyn a hyn. Do'n nhw ddim yn arbennig o braf i'w gwisgo ond ro'n nhw'n gneud beth roedd disgwyl iddyn nhw ei neud. Ond roedd y ddau anaf ges i ar ddiwedd 2009 yn gyfle i fi drio math newydd o ffrâm, diolch i gwmni Ace Feet in Motion, yn Lecwydd, Caerdydd.

Am wythnosau, fe fues i'n gweithio gyda thîm ardderchog o arbenigwyr yn y cwmni. Fe fuon nhw wrthi'n trio dod o hyd i esgid arbennig fydde'n gallu cynnal fy nhroed dde'n gyffyrddus. Roedd angen iddyn nhw hefyd ddyfeisio ffrâm oedd yn gallu cynnal fy nghoes yn iawn o dan straen y taflu. Fe fuon nhw'n fy ffilmio i dro ar ôl tro ac wedyn yn cywiro unrhyw wendid ro'n nhw'n sylwi arno. Mewn gwirionedd, fe fues i'n gwisgo rhyw bedair ffrâm wahanol yn y treialon hyn cyn taro ar yr un oedd yn fy siwtio i'n berffaith. Dyna'r ffrâm y bydda i'n ei gwisgo bob amser wrth gystadlu nawr. O'r funud y rhoies i hi am fy nghoes roedd hi'n llawer mwy cyffyrddus na'r hen rai ac fe wellodd y taflu.

Wrth gwrs, doedd y ffrâm newydd ddim yn cael gwared ar y boen gan y byddai honno yno drwy'r amser. Pe bai athletwr sydd ddim yn anabl yn cael poen debyg, mae'n siŵr y byddai'n osgoi cystadlu ac ymarfer tan y byddai'r boen yn diflannu. Ond, fel llawer o rai tebyg i fi, dwi'n gorfod dysgu byw gyda'r boen. Mae yno bob dydd a phan fydda i'n ymarfer a chystadlu mae'n gwaethygu. Yn ystod cystadleuaeth y bydd y boen ar ei gwaethaf gan fod yn rhaid i fi neud mwy o ymdrech bryd hynny.

A minnau nawr yn gwisgo'r ffrâm newydd, roedd 2010 yn flwyddyn dda i fi. Roedd un peth yn fwy na dim arall ar fy meddwl i. Ym mis Ionawr y flwyddyn wedyn roedd Pencampwriaethau Paralympaidd y Byd yn Christchurch, Seland Newydd, ac ro'n i ar dân eisie cael mynd yno i gystadlu. Fe fues i'n cymryd rhan mewn tua 15 cystadleuaeth fawr yn 2010 ac roedd nifer ohonyn nhw yn yr Almaen a'r Iseldiroedd. Yn y gwledydd hynny mae calon y Gêmau Paralympaidd. Yno mae'r cyrff sy'n rheoli'r Gêmau wedi'u lleoli ac mae gan y gwledydd hyn raglen gystadlu ardderchog i athletwyr paralympaidd.

Ar ben hynny, yn y ddwy wlad honno mae

llawer o'r athletwyr gorau yn y ddisgen a'r siot yn byw. Felly, roedd mynd mas yno i gystadlu yn erbyn taflwyr profiadol, yn eu gwlad eu hunain, yn brofiad gwerthfawr dros ben i fi. Nid yn unig o ran trio neud yn dda yn eu herbyn nhw ond er mwyn dysgu shwd i ddelio â'u tactegau seicolegol nhw. Erbyn hyn, dwi'n meddwl mod i wedi llwyddo i neud hynny a dwi'n mwynhau'r agwedd honno'n fawr iawn. Ond ar y dechre roedd rhai ohonyn nhw'n eitha cas. Yn wir, bydde rhai o daflwyr siot yr Almaen yn ymddangos ar y trac fel petaen nhw'n rhyw ddynion gwyllt o'r coed.

Ond roedd 'da fi barch i'w gallu nhw fel athletwyr. Er hynny, ar ôl tipyn, fe fyddwn i'n dechre ennill yn erbyn rhai ohonyn nhw, a bryd hynny fe fyddwn innau'n eu pryfocio nhw. Fe fyddwn i'n dweud rhywbeth fel, 'Wel, shwd deimlad yw colli yn erbyn rhyw gyw bach 'te?' Ond er yr holl *aggro* ar y trac, fe fydden nhw'n barod iawn i ysgwyd llaw ar y diwedd. Fe ges i sawl gwahoddiad i fynd i'r dafarn agosaf i yfed potelaid neu ddwy o fodca gyda nhw!

Fe ges i rai canlyniadau da iawn yn 2010. Falle taw'r ddau roddodd fwyaf o bleser i fi oedd y rhai yn Olomouc yn niwedd Awst ym Mhencampwriaethau Iau y Byd. Yno, fe dorres i record iau y byd yn y siot a'r ddisgen i ennill dwy fedal aur, ac roedd y pellter ges i ar y ddisgen, 42.65 metr, yn fwy nag roedd unrhyw un arall wedi'i daflu'r flwyddyn honno. Roedd y gêmau arbennig hynny'n garreg filltir bwysig i fi am reswm arall. Roedd Anthony am i fi daflu yno gan ddefnyddio techneg nad oedd neb arall yn fy nosbarth i erioed wedi'i defnyddio cyn hynny.

Beth o'n i'n ei neud oedd troi fy nghorff ar ffurf cylch cyfan cyn gollwng y ddisgen, yn gwmws fel bydd athletwyr sy ddim yn anabl yn ei neud. Mewn ffordd, roedd defnyddio'r dechneg honno'n dipyn o risg gan ei bod hi'n rhoi llawer mwy o straen ar fy nghoes wan. Roedd rhaid cael ffydd y bydde'r goes yn ddigon cryf i ddal y pwysau, ond roedd y cryfder hwnnw wedi cael ei ddatblygu dros nifer o flynyddoedd bellach. Ar ben hynny, roedd yn rhaid neud yn siŵr nad oedd y dechneg newydd 'ma ddim yn drysu'r rhythm oedd 'da fi wrth ollwng y ddisgen.

Ro'n i wedi bod yn gweithio ar y ffordd yma o daflu gydag Anthony wrth ymarfer. Yn Olomouc, felly, wrth ei defnyddio mewn cystadleuaeth am y tro cyntaf, ro'n i'n gwbod ei bod yn sbesial, am ddau reswm. Yn gyntaf, fe dafles i'r siot un metr ymhellach nag ro'n i wedi'i neud cyn hynny. Yn ail, ro'n i'n gweld hyfforddwyr y cystadleuwyr eraill yn rhedeg ar hyd y lle yn trio ffilmio fy nhechneg newydd i.

Falle fod cael techneg dda wedi bod yn bwysicach i fi nag i'r rhan fwyaf o gystadleuwyr. Achos, yn eironig, mae seis a siâp fy nghorff i'n fwy addas ar gyfer rhywun sy'n taflu'r siot na rhywun sy'n cystadlu ar y ddisgen. Ond does dim digon o nerth 'da fi i fod yn feistr ar daflu'r siot. Ar y llaw arall, dwi ddim yn ddigon tal, mewn gwirionedd, i fod yn daflwr disgen penigamp. Eto, dwi'n llwyddo i gyrraedd y brig fel arfer, a hynny oherwydd bod gen i dechneg a rhythm gwell na chystadleuwyr eraill wrth ei thaflu.

Mae'r ddisgen y bydda i'n ei defnyddio ychydig yn wahanol i rai'r cystadleuwyr eraill. Mae ei phwysau hi rownd yr ymyl yn drymach, er ei bod hi o fewn y pwysau mae'r rheolau yn ei ganiatáu. Felly, os nad yw'r dechneg yn hollol iawn, wnaiff hi ddim mynd ymhell iawn wrth ei thaflu. Mae pob siot yn pwyso yr un faint, ond mae hawl i amrywio'r seis yn ôl maint y llaw sy'n gafael ynddi. Mae fy un i'n eithaf mawr gan fod 'da fi ddwylo eithaf mawr.

Cyn pob cystadleuaeth, bydd wyth siot neu ddisgen ar gael ar gyfer pob cystadleuydd. Ond mae hawl gan bob un i ddod â'i siot neu ei ddisgen ei hun yn lle defnyddio un o'r wyth. Yna, ar ôl i honno gael ei mesur a'i phwyso, a'i chofrestru'n swyddogol ar gyfer y gystadleuaeth, mae hawl gan unrhyw gystadleuydd arall i'w defnyddio.

Gan fod fy siot a fy nisgen i braidd yn wahanol, does neb arall yn debyg o fod eisie eu defnyddio nhw ac mae hynny'n beth da. Oherwydd, yn y gorffennol, mae rhai cystadleuwyr wedi benthyca offer ac wedi 'sefyll' arnyn nhw, neu wedi'u 'gollwng' ... yn 'ddamweiniol' wrth gwrs!

Paratoi ar gyfer y byd

YCHYDIG AR ÔL OLOMOUC, fe ges i glywed mod i wedi cael fy newis, yn 39fed mewn tîm o 40, i gynrychioli Prydain ym Mhencampwriaethau'r Byd yn Christchurch. Fel sy'n digwydd gyda phob math o chwaraeon eraill, penderfynodd Anthony y byddai'n syniad da i mi osgoi tywydd drwg y gaeaf yn 2010. Felly, fe drefnodd e fod y ddau ohonon ni'n treulio ychydig wythnosau ym Mhortiwgal, lle roedd hi'n gynnes braf, i baratoi ar gyfer Christchurch. Ond er bod y gwres yn gneud i rywun feddwl ei fod e ar wyliau, roedd e'n gyfnod o waith caled iawn. Fe fuon ni wrthi'n ymarfer am oriau bob dydd, heb unrhyw beth arall nac unrhyw berson arall i darfu arnon ni. A dyna fantais arall o fynd bant i baratoi – mae rhywun yn cael llonydd i roi ei feddwl yn llwyr ar y dasg sydd ganddo.

Wrth gwrs, mae'n debyg y byddai'n ddigon rhwydd i rywun ddiflasu ar ôl gorffen ymarfer bob dydd, yn enwedig gan taw dim ond fi ac Anthony oedd yno. Ond dyw ffeindio ffordd o ddiddanu fy hunan erioed wedi bod yn broblem i fi. Bydda i wrth fy modd yn darllen llyfrau o bob math, heblaw am y rhai sy'n trafod athletau. Mae 'da fi dast eang iawn o ran cerddoriaeth hefyd. Ar

45

fy iPad mae 'da fi dros 4,000 o eitemau cerddorol. Rhwng y peiriant bach yna a'r consol gêmau sy 'da fi, bydd yr oriau hamdden yn pasio'n gyflym iawn.

Roedd y paratoi ar gyfer Christchurch wedi dechre cyn gadael Cymru mewn gwirionedd. Ar ôl clywed mod i wedi cael fy newis i'r tîm, fe ddechreues i ar raglen arbennig o godi pwysau a bwyta lot mwy. Y canlyniad oedd i fi ychwanegu tair stôn at fy mhwysau yn y cyfnod hwnnw. Erbyn i fi gyrraedd Seland Newydd ro'n i'n pwyso 16 stôn. Roedd hi'n bwysig iawn i fi neud hynny, achos yno fe fyddwn i'n cystadlu yn erbyn dynion mawr iawn oedd gyda'r gorau yn y byd.

Ers y cyfnod hwnnw mae 'da fi dîm o bobol sydd yn edrych ar ôl pob agwedd ar fy ffitrwydd a fy iechyd. Yn eu plith mae nifer o hyfforddwyr ffitrwydd ac arbenigwr sy'n edrych ar ôl cyflwr fy nghorff i'n gyffredinol. Mae'r rhain yn cynnwys sawl meddyg a ffisiotherapydd, a phobol i neud yn siŵr mod i'n bwyta'r bwydydd iawn. Hefyd, arbenigwr sy'n gofalu bod y ffrâm a'r esgid arbennig y bydda i'n eu gwisgo yn gneud eu gwaith yn iawn.

Mae faint o fwyd y bydda i'n ei fwyta, a pha fath o fwyd, yn bwysig iawn i rywun fel fi sy'n cystadlu ar gamp sydd yn gofyn am dipyn o nerth. Dyma enghraifft o'r hyn y bydda i'n ei fwyta bob dydd er mwyn cyrraedd cyfanswm o bedair i bum mil o galorïau'r dydd. I frecwast, dau bisyn o dost bara cyflawn, saith gwyn wy ac un melynwy a diod o *protein shake*. Pan fydda i wrthi'n ymarfer, falle y gwna i gymryd *protein shake* arall yng nghanol y bore. I ginio, fe fydda i'n cael hanner kilo o gig ffowlyn neu stêc tiwna, sy'n cynnwys tipyn o brotein, gyda salad yn cynnwys eitemau o bob lliw a carbohydrad, fel *couscous*. Mae'r rhain yn dda i roi egni i fi ar gyfer sesiwn ymarfer y prynhawn.

Yng nghanol y prynhawn fe fydda i'n cael bar protein fel rhyw *snack* bach, ac yna fe fydd y pryd gyda'r nos yn cynnwys tua 800 gram o stêc neu bysgodyn gwyn a llysiau. Fe fydda i'n osgoi pob carbohydrad yr adeg honno, os galla i. Yna, cyn mynd i'r gwely fe fydda i'n yfed peint o laeth ac yn llyncu deg tabled *cod liver oil*. Fe fydda i'n yfed llawer o ddŵr hefyd yn ystod y dydd. Trwy lwc, dwi ddim yn hoff o deisennau na siocled, felly fydda i byth yn cael fy nhemtio i fwyta'r rheini. Ond weithie mae hawl 'da fi i gael yr hyn sy'n cael ei alw yn ddiwrnod o dwyllo. Bryd hynny, fe fydda i'n gwledda ar ginio dydd Sul traddodiadol.

Mae'n bwysig iawn mod i'n cadw at y deiet. Pe byddwn i'n ychwanegu dim ond pedwar kilo o bwysau, bydde hynny'n ddigon i ddrysu amseru fy nhafliad i ac o ganlyniad fy holl dechneg. Ar hyn o bryd, dwi'n pwyso 128 kilo (tua 20 stôn), sy'n berffaith ar gyfer fy nhechneg i o daflu. Erbyn hyn, dwi wedi gorffen tyfu ac mae modfedd o estyniad 'da fi ar ffrâm fy nghoes i ddod â fy nwy glun yn lefel â'i gilydd. Bellach mae fy nhaldra i wedi cyrraedd 6 troedfedd, 1 fodfedd.

Er bod raid i mi gael yr holl fwyd yna, does dim amser 'da fi i fynd i siopa. O ganlyniad, bydda i'n cael y gwahanol siopau i ddod â'r bwyd i fy nghartre. O ran yr holl gig y bydda i'n ei fwyta, dwi'n lwcus iawn fod bwtsiwr ym marchnad Caerdydd yn un o'r rhai sy'n fy noddi. Felly, mae 'da fe rôl bwysig iawn yn fy ngyrfa!

Cyn mynd i Christchurch fe dreulion ni bedair wythnos yn paratoi yn Auckland, sydd ar Ynys y Gogledd yn Seland Newydd. Yna, fe symudon ni i Ynys y De, lle buon ni'n paratoi am bythefnos, ar gyfer y bencampwriaeth. Roedd hi'n ganol haf yn y wlad hardd honno ac un o'r pethau pwysicaf mewn bywyd yno yw bod allan yn yr awyr iach.

Ro'n i'n dal yn fy arddegau, wrth gwrs, a heb brofiad o gwbl o ddigwyddiad mor fawr. Ond ro'n i'n ddigon lwcus i ddod i nabod David Weir yn dda iawn. Mae e'n enwog am gystadlu mewn rasys cadair olwyn, ac ry'n ni'n dal yn ffrindiau. Mae e tua wyth mlynedd yn henach na fi ac roedd e eisoes wedi ennill medalau aur yn y Gêmau

Paralympaidd. Erbyn hyn mae e wedi ennill chwe medal ac wedi bod yn fuddugol ym Marathon Llundain chwe gwaith hefyd. Fe ofalodd David amdana i'n wych yn Seland Newydd gan roi sawl *tip* i fi ynghylch beth gallwn i ei ddisgwyl yn y Gêmau a shwd y dylwn i ymateb i wahanol bethe. Pan ddaeth diwrnod y gystadleuaeth gyntaf, ro'n i'n barod amdani.

Cyffuriau yn Christchurch

Roedd Pencampwriaethau Christchurch yn Ionawr 2011 yn brofiad na wna i byth ei anghofio, er na lwyddes i ennill medal aur. Fe ddes i'n bedwerydd yn wreiddiol yn y siot ac yn drydydd yn y ddisgen, ac fe dafles i'r ddwy ohonyn nhw'n eithaf pell ar y diwrnod. Un o'r rhai gorau yn y ddwy gamp am tua deg mlynedd cyn hynny oedd yr athletwr o Dde Affrica, Fanie Lombaard. Roedd e wedi ennill y fedal aur gyda'r ddisgen dair gwaith mewn Gêmau Paralympaidd rhwng 2000 a 2008. Yn wir, pan ddaeth e i Christchurch doedd e ddim wedi colli ar y gamp honno ers tua deg mlynedd. Roedd e hefyd wedi ennill medalau aur yn y Gêmau Paralympaidd gyda'r siot, a dwy fedal arian yn taflu'r waywffon.

Ar un adeg, fe fu e'n chwarae rygbi'n broffesiynol i dîm Gogledd Transvaal cyn iddo orfod colli ei goes chwith o dan y ben-glin yn dilyn anaf. Roedd e'n dipyn o seren, a fe oedd yn dal y record byd am daflu'r ddisgen ers y flwyddyn 2002. Yn wir, fe ddaeth yn gyntaf yn Christchurch ar y gamp honno ac yn drydydd yng nghystadleuaeth y siot.

Ar ôl y gystadleuaeth fe ddaeth y newydd syfrdanol ei fod e wedi ffaelu'r prawf cyffuriau.

Felly, cafodd ei ddiarddel o'r bencampwriaeth a cholli ei fedalau. Fe gafodd e hefyd ddirwy o £1,326 a'i wahardd rhag cystadlu am flwyddyn. Roedd hyn yn golygu bod y sawl oedd yn y pedwerydd safle yn y siot ac yn drydydd yn y ddisgen yn symud un safle ac yn derbyn y fedal efydd a'r fedal arian yn y ddwy gamp. Y fi oedd y person lwcus hwnnw, wrth gwrs.

Roedd Lombaard wedi cyflwyno papur doctor yn tystio'i fod e wedi bod yn cymryd rhyw foddion i drin *gout,* salwch sy'n effeithio ar gymalau'r corff. Pan fyddwn ni, athletwyr, yn gorfod cymryd rhyw foddion, mae'n rhaid i ni ofyn yn gyntaf i'r Gymdeithas Baralympaidd Ryngwladol a fydde hi'n iawn i ni ei gymryd. Y rheswm am hynny yw fod sawl math o foddion yn cynnwys cyffuriau a allai fod o gymorth i wella perfformiad athletwr. Yn achos Fanie Lombaard, roedd y moddion roedd e wedi bod yn ei gymryd yn *duretic*, hynny yw, yn helpu i dynnu dŵr o'r corff. Ond roedd e hefyd yn foddion oedd yn gallu cuddio'r ffaith fod cyffuriau yn y corff, cyffuriau allai fod o fantais i rywun. Felly, doedd dim hawl gan unrhyw athletwr i'w cymryd nhw.

Mae'n ffaith fod cwmnïau sy'n gneud cyffuriau a moddion yn fodlon cynnig arian mawr iawn i athletwyr roi prawf ar rai ohonyn nhw. Fydd y rhan fwyaf ohonon ni ddim yn meddwl gneud y fath beth, ond mae ambell un yn cael ei demtio. Ai dyna ddigwyddodd i Lombaard? Mae e'n dweud ei fod e wedi cymryd y moddion yn gwbl ddiniwed. Ei ddadl oedd y bydde'r holl brofion cyffuriau roedd e wedi'u cael dros y blynyddoedd fel athletwr wedi dangos hynny, pe bai e wedi cymryd cyffuriau. Ond doedd dim llawer o'r rhai sydd wedi bod yn cystadlu yn ei erbyn dros y blynyddoedd yn meddwl hynny.

Y person gafodd y fedal aur yn y ddisgen, ar ôl i Lombaard gael ei ddiarddel, oedd Gino De Keersmaeker, o wlad Belg – fe oedd yn wreiddiol yn yr ail safle. Dwi wedi dod yn gyfeillgar iawn gydag e dros y blynyddoedd ac roedd e, fel llawer athletwr arall, yn ddig iawn tuag at Lombaard. Y cwestiwn ro'n nhw'n ei ofyn oedd sawl medal roedd Lombaard wedi'i hennill drwy dwyll yn y gorffennol. Cafodd Gino fedal aur yng Ngêmau Paralympaidd 1996 ond yng Ngêmau 2000 a 2004 daeth e'n ail i Lombaard. Roedd hi'n naturiol iddo feddwl, felly, y galle fe fod wedi ennill y fedal aur y troeon hynny hefyd, petai Lombaard wedi cael ei ddal yn gynt.

Mae Gino nawr yn 43 oed ac mae ei ddyddiau gorau fel taflwr drosodd. Mae e'n sôn am ymddeol ond dyw e ddim am neud hynny, medde fe, tan y bydd e wedi fy ngweld i'n torri record byd Lombaard am daflu'r ddisgen ym

Mhencampwriaethau'r Byd yn Abertawe yn 2015. Mae Lombaard yn dal y record ers 2002, pan daflodd e 14.85 metr yn Ffrainc, ond dwi wedi dod o fewn ychydig centimetrau i'r record honno yn barod. Fyddai dim byd yn rhoi mwy o bleser i fi na'i thorri hi o'r diwedd, yn enwedig gan fod lle i gredu ei bod hi'n record gafodd ei hennill drwy dwyll.

Fe fyddai Lombaard wedi gallu cystadlu yng Ngêmau Llundain yn 2012 gan taw am flwyddyn roedd y gosb o'i ddiarddel rhag cystadlu. Daeth y flwyddyn honno i ben cyn Gêmau Llundain. Ond ddaeth e ddim yn agos i'r Gêmau hynny. Roedd e'n gwbod, mae'n siŵr, na fydde dim croeso o gwbl iddo fe yno. Mae 'na si ei fod e wedi ymddeol o athletau erbyn hyn, sy'n newyddion da iawn ym marn llawer ohonon ni fu'n cystadlu yn ei erbyn e.

Paratoi ar gyfer 2012

ERBYN I FI DDOD 'nôl o Seland Newydd ro'n i stôn a hanner trymach eto. Er hynny, ro'n i'n gwbod bod angen i fi drio bod yn drymach os o'n i am herio goreuon y byd. Roedd fy sylw i bron yn llwyr erbyn hynny ar y Gêmau Paralympaidd yn Llundain y flwyddyn wedyn. Felly, ro'n i'n benderfynol o neud yn dda yn ystod y tymor oedd i ddod. Fe ges i dipyn o lwyddiant gyda'r siot, gan ddod yn gyntaf ym mhob cystadleuaeth, saith ohonyn nhw i gyd, mewn pum gwlad wahanol.

Roedd safon y taflu hefyd yn dda, gan i fi dorri fy record bersonol yn y siot ddwywaith yn ystod 2011, a dod o fewn 3 centimetr i record y byd yr ail dro hwnnw. Er hynny, ro'n i'n dal i feddwl am y siot fel camp oedd yn ail orau i fi, ar ôl y ddisgen. Eto, ro'n i'n credu ei bod hi'n bwysig i fi barhau i daflu'r siot er mwyn cael rhagor o brofiad o gystadlu ar y lefel uchaf. Wedi'r cyfan, doedd dim llawer o wahaniaeth rhwng y ddwy gamp o ran y gwaith paratoi. Yr unig ffordd ro'n nhw'n wahanol oedd yn y cylch ei hunan. Yno wrth daflu'r siot, mae'r straen i gyd ar y gwddwg, tra bod rhan ucha'r fraich a'r ysgwydd yn hollbwysig wrth daflu'r ddisgen.

Ro'n i'n bles â'r ffordd y gwnes i daflu'r ddisgen

yn 2011 hefyd. Mewn cystadleuaeth Cwpan y Byd ym Manceinion ym mis Mai fe dafles i'r disgen bellter o 44.77 metr, fy nhafliad gorau erioed. Beth oedd yn braf hefyd oedd fod 25,000 o bobol yn y stadiwm ar y pryd a'r rheini'n creu awyrgylch sbesial iawn. Roedd yn rhoi blas, falle, o beth y gallwn ei ddisgwyl yn y Gêmau Paralympaidd y flwyddyn wedyn.

Fe ges i ambell brofiad anhygoel oddi ar y trac hefyd, a'r un mwyaf arbennig oedd y daith i Dubai ym mis Ebrill ar gyfer Pencampwriaethau Iau y Byd. Ro'n i'n dal yn ddigon ifanc i gymryd rhan yn y gêmau hynny hefyd. Fe gawson ni'n trin fel duwiau yno, gyda cheir plismyn yn ein hebrwng ni o fan i fan yn y ddinas. Ro'n i'n aros mewn gwesty pum seren ac o dan y gwesty roedd *mall* siopa cymaint â chanol Caerdydd! Ar ôl i fi orffen cystadlu, fe ges i gyfle i weld tipyn ar y ddinas ac i ryfeddu at yr holl gyfoeth oedd i'w weld yno.

Roedd un broblem fawr ... y gwres. Roedd hi mor dwym nes bod rhaid cynnal cystadlaethau'r siot a'r ddisgen ar ôl deg o'r gloch y nos. Hyd yn oed yr adeg honno roedd hi'n 50 gradd Celsius, ac roedd y stadiwm yn llawn. Roedd y cyfleusterau yno'n wych, hyd yn oed y cylch taflu. Roedd hwnnw wedi'i neud o farmor, a'r wyneb ychydig bach yn llithrig. Felly, roedd hynny'n gneud i ni droi'n arafach ac yn rhwydd cyn gollwng y siot a'r ddisgen. Roedd hynny'n help, falle, achos fe dorres i fy record bersonol gyda'r siot a thaflu'r ddisgen ymhellach nag ro'n i wedi'i neud drwy'r flwyddyn gynt. Ond roedd gwell i ddod.

Ym mis Medi, yn y Bencampwriaeth Genedlaethol yn Nottingham, roedd gwynt cryf ofnadwy yn chwythu yn ystod cystadleuaeth y ddisgen. Hwnna oedd y gwynt cryfaf i fi erioed ei gael ar unrhyw drac. O ganlyniad, fe dafles i bellter o dros 47 metr am y tro cyntaf yn fy mywyd, ac o fewn 63 centimetr i record y byd. Yn wir, fe ges i chwe thafliad i gyd, gan dorri fy record bersonol gyda phob tafliad, dro ar ôl tro. Wrth i mi ollwng y ddisgen o'm llaw, fe fydde'r gwynt fel petai'n cydio ynddi nes i fi gredu weithie nad oedd hi byth yn mynd i ddisgyn!

Ond er i fi daflu'r ddisgen ymhellach yn Nottingham nag ro'n wedi'i neud erioed cyn hynny, doedd dim llawer o werth i'r gystadleuaeth. Yn un peth, roedd y gwynt yno wedi drysu pa mor bell ro'n i'n gallu taflu mewn gwirionedd. Yn ail, doedd neb o bwys yn cystadlu yn fy erbyn i ar y diwrnod.

Felly, gyda'r Gêmau Paralympaidd mewn golwg, fe benderfynon ni greu cynllun manwl i baratoi ar gyfer 2012. Roedd gofyn eistedd 'nôl a phenderfynu beth o'n i'n ei neud yn dda a gweithio ar ambell wendid oedd 'da fi. Un agwedd oedd eisie i fi wella arni – do'n i ddim yn ddigon ffrwydrol wrth ollwng y ddisgen na'r siot. Hynny yw, roedd angen mwy o 'wmff' wrth neud hynny ac fe ddylwn i fod yn defnyddio mwy o nerth.

Erbyn dechre tymor 2012 ro'n i teimlo mod i wedi elwa tipyn yn dilyn y gwaith paratoi yn ystod y gaeaf, ac ro'n i'n edrych mlaen yn fawr at ddechre cystadlu. Mewn cystadleuaeth fawr yn Gateshead ym mis Ebrill fe ges i ddechre gwych i'r tymor gyda'r siot. Roedd y tywydd yn ofnadwy gyda gwynt stormus, glaw ac eira yn ei gneud hi'n ddiflas iawn i ni'r cystadleuwyr. Roedd y tywydd gwael wedi fy neud i'n ddig iawn pan o'n i'n cymryd rhan yn y gystadleuaeth ar gyfer y siot, ac oherwydd hynny, falle, fe dafles i'n ardderchog. Fe ddes i'n gyntaf, gan ennill yn erbyn yr un ddaeth yn ail o ryw bedwar i bum metr.

Ches i ddim cystal hwyl ar y ddisgen oherwydd y tywydd gwael. Yn wir, roedd y gwynt mor gryf nes bod y ddisgen yn dod 'nôl tuag ata i ar ôl ambell dafliad. Eto, fe ges i sawl tafliad da gyda'r ddisgen yn ystod y flwyddyn, yn enwedig yn Sportcity, Manceinion. Ond bu bron i'r gystadleuaeth honno chwalu'r freuddwyd oedd ar flaen fy meddwl ers blynyddoedd, sef cael cystadlu yng Ngêmau Paralympaidd Llundain ac ennill medalau yno. Ar 22 Mai 2012, ychydig dros ddau fis cyn y digwyddiad mawr hwnnw, fe ges i newydd wnaeth dorri fy nghalon. Yn dilyn anaf ges i yn y gêmau hynny yn Sportcity fe ddwedodd meddyg wrtha i y byddai'n amhosib i fi fod yn ddigon iach i gystadlu yn Llundain.

Brwydr

RO'N I WEDI CAEL tri thafliad da gyda'r ddisgen yn Sportcity ac roedd yr olaf ohonyn nhw wedi cyrraedd 47.72 metr, dim ond 13 centimetr y tu fas i record byd Lombaard. Felly ro'n i'n teimlo'n grêt wrth daflu am y pedwerydd tro ac fe hedfanodd y ddisgen drwy'r awyr. Roedd yn amlwg yn dafliad anferth ac ro'n i wedi cynhyrfu'n lân. Fe neidies i'n wyllt ac yn hapus i'r awyr a glanio ar fy nghoes chwith, yr un dda. Dyma'r cyhoeddiad yn dod fod y ddisgen wedi mynd dros 50 metr. Roedd hynny'n rhywbeth ro'n i wedi breuddwydio amdano erioed ond yn rhywbeth nad o'n i byth yn meddwl y gallwn i ei gyrraedd. Roedd e'n dafliad rhyfeddol! Ond fe benderfynodd un o'r stiwardiaid mod i wedi torri rheol bwysig, sef mod i heb 'adael y cylch gyda digon o reolaeth' ar ôl y tafliad. Roedd hynny'n golygu na fydde'r tafliad arbennig hwnnw'n cyfrif.

Dyna oedd fy ngofid mwyaf i ar y pryd, sef fy mod wedi colli cyfle i dorri record y byd gyda thafliad anhygoel. Yna, fe sylweddoles i fod fy mhigwrn yn boenus iawn ac wedi dechre chwyddo. Mae'n debyg mod i, wrth lanio ar ôl neidio, wedi rhwygo'r gewynnau yn y bigwrn. Ces fynd ar unwaith mewn ambiwlans i Lundain i weld meddygon y Gymdeithas Athletau. Fe ddwedon nhw wrtha i y base wedi bod yn well petawn i wedi torri fy mhigwrn. Roedd yr anaf ro'n i wedi'i gael, medden nhw, yn golygu na fyddwn i'n gallu cystadlu yng Ngêmau Paralympaidd Llundain. Fe ddwedon nhw wrtha i am gyhoeddi'r newyddion mewn cynhadledd i'r wasg.

Do'n i ddim yn gallu credu'r peth. Ro'n i'n teimlo bod fy myd i gyd wedi'i chwalu. Nid fel 'na roedd pethe i fod – ro'n i i *fod* i gystadlu yng Ngêmau Llundain. Felly, do'n i ddim yn mynd i dderbyn barn y meddygon. O fewn tair awr fe ddechreues i ar waith adfer a gwella'r bigwrn yn Ysbyty St Ioan a St Elizabeth yn Llundain. Yn ystod y dyddiau wedyn fe fues i'n eistedd mewn siambr ocsigen am naw awr bob dydd. Ro'n i'n cael ffisiotherapi bob dydd a *massage* i'r bigwrn.

Ar ôl wythnos fe ges fy symud o Lundain i Gaerdydd gan mod i'n awyddus i gael y tîm oedd yn y Ganolfan Chwaraeon yno i edrych ar fy ôl i. Fe fues i'n ymarfer cerdded yn y pwll hydrotherapi bob dydd ac o fewn dim roedd gen i esgid am fy nhroed, er nad o'n i i fod i gerdded ynddi. Ar ôl ychydig dros bythefnos ro'n i'n gallu sefyll yn iawn wrth gerdded. Mewn gwirionedd, roedd y bigwrn yn gwella mor dda nes fy mod i bum wythnos ar y blaen i'r hyn roedd disgwyl i fi fod. Fe ddylwn i fod wedi cael llawdriniaeth, ond bydde hynny'n golygu y byddwn i'n colli Gêmau Llundain yn bendant. Doedd hynny, felly, ddim yn opsiwn. Hyd yn oed petai'n rhaid i fi gropian i mewn i'r cylch taflu yng Ngêmau Llundain, ro'n i'n mynd i fod yno!

Cafodd fy nhroed ei rhwymo a'i rhoi mewn cast aer i warchod y bigwrn. Yna, fe ges fy hala mas i Bortiwgal am wyth wythnos ac ymuno â gweddill y tîm paralympaidd. Am gyfnod roedd tîm GB yno'n paratoi yr un pryd â ni – er roedd yn rhaid iddyn nhw adael o'n blaenau ni, wrth gwrs. Ond, ar hyd y cyfnod hwnnw, roedd cyflwr fy mhigwrn yn gyfrinach fawr.

O'r diwrnod y ces i'r anaf ro'n i'n benderfynol o gadw'r peth yn dawel. Do'n i ddim am i bobol feddwl mod i'n neud esgusodion cyn i ni gyrraedd Llundain. Do'n i ddim chwaith am i'r hanes gyrraedd yr athletwyr fyddai'n cystadlu yn fy erbyn i. Yn fy marn i, pe byddwn i'n dangos unrhyw arwydd o wendid, byddai hynny'n debyg o roi hwb a mantais iddyn nhw. Felly, o ran yr athletwyr eraill oedd ym Mhortiwgal, y rheswm nad o'n i'n ymarfer taflu mas yna oedd am mod i wedi cael anaf bach i nhroed. Eglures mod i ddim eisie iddo fynd yn waeth, felly ro'n i wedi penderfynu arbed y droed trwy beidio â'i rhoi hi o dan straen wrth ymarfer taflu.

Serch hynny, fe fues i'n neud gwaith codi pwysau gan obeithio y byddai hynny'n ddigon i dwyllo pawb. Ro'n i'n gwbod nad oedd yn rhaid i fi ymarfer taflu mewn gwirionedd. Roedd y cystadlaethau cyn yr anaf wedi profi mod i wedi cyrraedd safon oedd yn fy mhlesio i'n fawr. Doedd y safon honno ddim yn debyg o newid oherwydd i fi golli rhyw ddeg wythnos o ymarfer. Y gofid mawr i fi oedd a fyddai fy mhigwrn yn ddigon cryf i gynnal fy nghorff yn y Gêmau. Fe dafles i am y tro cyntaf ers diwrnod yr anaf ar 20 Awst.

Doedd hi ddim yn ymdrech ddrwg o gwbl o dan yr amgylchiadau. Fe gymeres i bwyll a throi'n araf wrth ollwng y ddisgen. Fe gyrhaeddodd hi bellter o 38 metr, ac fe fues i'n taflu bob dydd wedi hynny tan y daeth hi'n amser mynd i Lundain. Erbyn hynny, ro'n i wedi cyrraedd safon oedd tua 85 y cant o'r hyn oedd e pan o'n i ar fy ngorau. Eto, ro'n i'n gwybod y byddwn i'n well pan fyddai'r amser i gystadlu'n dod ac y byddai gobaith 'da fi o ennill medal. Mewn ffordd, roedd hi'n wyrth fy mod i'n gallu cystadlu. Roedd y droed yn dal yn boenus iawn ac oni bai mod i'n paratoi ar gyfer y Gêmau, mae'n siŵr y byddwn wedi sylweddoli pa mor ddrwg roedd hi mewn gwirionedd. Fe wnes fy ngorau i anghofio amdani.

Y freuddwyd yn dod yn wir

Ro'n i wedi bod yn gwylio'r Gêmau Olympaidd yn Llundain ar gyfer athletwyr oedd ddim yn anabl ar y teledu, wrth gwrs. Ro'n i'n teimlo'n hapus iawn dros nifer ohonyn nhw, yn enwedig wedi iddyn nhw ennill medalau. Un digwyddiad roddodd bleser mawr i fi tra o'n i mas ym Mhortiwgal oedd camp Jade Jones yn ennill y fedal aur mewn *taekwondo*. Roedd ei gyrfa hi wedi rhedeg ochr yn ochr â fy un i. Fe fuon ni'n cystadlu yn erbyn ein gilydd i ennill gwobrau fel 'Seren Mwyaf Addawol Cymru' dros y blynyddoedd. Roedd ei llwyddiant hi yn Llundain yn sicr yn ysbrydoliaeth i fi y nosweth honno.

Fe gyrhaeddes i ac aelodau eraill o'r tîm paralympaidd faes awyr Llundain o Bortiwgal ar 27 Awst, bedwar diwrnod cyn i'r Gêmau ddechre. Yna, fe gawson ni'n gollwng y tu fas i'r Pentref Olympaidd, lle ro'n ni'n aros. Wrth i ni gerdded i mewn, fe ges i'n synnu gan y mesurau diogelwch yno. Fe fu'n rhaid i ni gerdded drwy tua deg o glwydi diogelwch a dangos ein pasborts bedair gwaith ar ein ffordd i'n hystafelloedd.

Roedd y pentre fel byd ynddo'i hunan – popeth am ddim a phob math o gyfleusterau. Yno roedd siopau, banciau, neuaddau bwyd, llefydd bwyta, peiriannau diod a chyfleusterau hamdden fel *gym*, pwll nofio, sinema ac ambell far. Yn wir, roedd y lle mor fawr ac yn edrych fel petai'r un maint â Llundain ei hunan! Roedd yr athletwyr yn aros un ai mewn gwesty neu mewn fflat. Ro'n ni, yr athletwyr o Gymru, gyda'n gilydd mewn blociau o bedair fflat, a fi a'n ffrind Nathan Stephens yn rhannu un ohonyn nhw.

Ro'n i wrth fy modd – yn wir, ro'n i'n teimlo fel pe bawn i wedi cerdded i mewn i ffatri siocled Willie Wonka! Yr hyn ro'n i'n ei licio orau oedd y cyfle ro'n i'n ei gael yn y pentre, fel arfer yn y llefydd bwyta anferth, i gymysgu ag athletwyr eraill. Roedd hi mor ddiddorol sgwrsio gyda phobol o wledydd eraill, rhai nad o'n i erioed wedi clywed amdanyn nhw cyn hynny. Gartre, i gofio am y Gêmau, mae 'da fi sawl fest ges i gan athletwyr eraill a'r rheini'n dod o ryw gant o wledydd gwahanol. Fe fues i'n eu cyfnewid am eitemau o gêr tîm Prydain oedd 'da fi.

Doedd ein tîm rheoli ni ddim eisie i'r athletwyr fynd i'r seremoni agoriadol. Bydde hynny wedi cymryd naw awr i gyd, tair o'r rheini'n cerdded i'r stadiwm. Felly, aeth y staff yno ac fe wnaethon ni wylio'r seremoni ar y teledu. Y diwrnod cynt ro'n i wedi mentro i lawr i'r trac ymarfer ond, ar wahân i'r adegau pan fyddwn i'n mynd i gael bwyd, ro'n i'n tueddu i aros yn fy ystafell. Ro'n i am fod mewn hwyliau iawn, heb roi cyfle i unrhyw beth darfu arna i cyn mynd i'r gystadleuaeth taflu'r siot. Honno oedd cystadleuaeth maes gynta'r Gêmau ac roedd yn cael ei chynnal ar y bore agoriadol.

Mae'n anodd i fi egluro mewn geiriau y wefr a deimles i pan gerddes i mewn i'r stadiwm ar gyfer y gystadleuaeth honno. Ro'n i wedi bod yn sefyll gyda'r 11 taflwr arall y tu ôl i glwyd fawr yn y twnnel oedd yn arwain i'r trac. Dyma ryw ferch fach yn y gynulleidfa yn pwyso dros y wal ac edrych i lawr arnon ni gan weiddi, yn Saesneg, pan welodd hi fi, 'Edrycha, mae rhywun o dîm Prydain yn dod i mewn.' Yna, dyma'r dorf o tua 85,000 o bobol yn sydyn yn rhoi bloedd anferth oedd fel wal solet o sŵn. Fe safodd pob un ohonon ni'r cystadleuwyr yn stond. Ro'n ni i gyd yn fud.

Roedd y tîm hyfforddi eisie i fi beidio â chystadlu yng nghystadleuaeth y siot oherwydd yr anaf i nhroed. Ro'n nhw o'r farn taw gyda'r ddisgen roedd fy ngobaith gorau o ennill medal. Ond ro'n i am ddefnyddio'r diwrnod hwnnw i gael profiad ar gyfer cystadleuaeth y ddisgen ddau ddiwrnod wedyn. Beth bynnag, er nad o'n i'n ffefryn i ennill medal, ro'n i fy hunan yn hyderus y gallwn i ddod yn un o'r tri cynta. Doedd hynny ddim yn edrych yn debyg ar ôl y pum tafliad cynta, achos ro'n i yn y pedwerydd safle.

Ro'n i'n nerfus, wrth gwrs, ond ro'n i mor hapus i fod yno. A dweud y gwir, ro'n i fel plentyn bach ar fore Nadolig! Rhwng pob tafliad byddwn i'n edrych rownd y stadiwm mewn syndod, yn ffaelu credu mod i'n rhan o ddigwyddiad mor bwysig. Ro'n i'n cael rhyw hwb arbennig o wybod bod torf mor fawr y tu cefen i fi. Ac ro'n i'n gwisgo fy sanau lwcus – y rhai y bydda i'n eu gwisgo ar gyfer pob cystadleuaeth!

Rhwng pob tafliad byddai Anthony yn dod draw i roi cyngor i fi. Byddai wedi gweld lle ro'n i wedi mynd yn anghywir gyda'r tafliad cynt, falle. Yna, byddai'n awgrymu shwd y dylwn i newid rhywbeth ar gyfer y tafliad nesaf. Gydag un tafliad i fynd, roedd angen ymdrech arbennig. Dwi'n cofio cerdded tuag at y dorf a'u hannog nhw i weiddi drosta i, a dyna ddigwyddodd. Wrth daflu'r siot 13.78 metr, fe symudes i i'r trydydd safle. Ro'n i wedi ennill medal efydd.

Roedd sefyll ar y podiwm ar gyfer seremoni cyflwyno'r medalau yn brofiad emosiynol iawn. Ar y pryd, dwi'n cofio meddwl wrtha i fy hunan: dwi'n daflwr siot mawr, cryf, felly bydd yn rhaid i fi beidio â llefen. Ond, er gwaetha hynny, fe wnes i golli ambell ddeigryn wrth feddwl yn arbennig am bopeth ro'n i wedi bod drwyddo yn ystod yr wythnosau cynt. Yn ystod y cyfnod hwnnw fe fuodd hi'n anodd iawn delio â'r siom bosib o golli'r Gêmau, delio â'r boen gorfforol, a delio â'r frwydr i ddod yn ddigon ffit i gystadlu. Ond, gyda'r fedal am fy ngwddwg, roedd hi'n amlwg fod yr holl ymdrech wedi bod yn werth chweil.

Ar ôl y seremoni, aeth y tîm hyfforddi â fi 'nôl i f'ystafell heb i fi gael cyfle i ddathlu gyda theulu na ffrindiau. Ro'n i mewn tipyn o boen, ac felly fe ges i sawl bath iâ a sawl sesiwn ffisiotherapi i drio gwella'r droed erbyn cystadleuaeth y ddisgen ymhen dau ddiwrnod. Ond yn seicolegol ro'n i'n barod amdani. Ro'n i wedi cael blas ar lwyddo mewn cystadleuaeth nad oedd dim disgwyl i fi lwyddo ynddi. Ro'n i'n benderfynol o neud hyd yn oed yn well yng nghystadleuaeth y ddisgen. Bellach ro'n i'n cyfri'r eiliadau.

Wedi cipio'r aur

PAN SYLWEDDOLES I MOD i wedi ennill y fedal aur am daflu'r ddisgen, roedd hi'n anodd rheoli'r dagrau. Fe redes i draw at Anthony ac roedd e hefyd yn llefen. Roedd arna i gymaint o ddyled iddo. Daeth llais dros system sain y stadiwm i gyhoeddi bod Aled Sion Davies wedi ennill y fedal aur am daflu'r ddisgen. Wrth gwrs, roedd 'da fi un tafliad ar ôl o hyd. Nawr bydde'r rhan fwyaf o athletwyr, mewn sefyllfa debyg, ddim wedi trafferthu taflu unwaith eto. Roedd y fedal aur yn saff. Beth oedd 'da fi i'w ennill wrth gymryd y chweched tafliad?

Dyma Anthony yn gafael ynof fi a dweud, 'Gwranda, rwyt ti'n gallu taflu'n well nag rwyt ti wedi'i neud fan hyn heddi. Cer mas a dangos hynny iddyn nhw.'

Erbyn hyn roedd pawb yn y dorf ar eu traed yn gweiddi arna i i daflu unwaith yn rhagor. Fe wnes i gamu i mewn i'r cylch taflu, gafael yn y ddisgen a symud yn llyfn i mewn i'r tafliad. Fe weithiodd y dechneg fel wats a chyrhaeddodd hi bellter o 46.18 metr. Dyna'r tafliad pellaf gan athletwr o Ewrop yn fy nghystadleuaeth i. Ffordd fendigedig o gloi cystadleuaeth na fydda i'n ei hanghofio byth.

Ond ro'n i wedi rhoi cymaint o ymdrech i mewn i'r tafliad hwnnw nes i fi rwygo gewyn yn fy ochr. Roedd e'n ofnadwy o boenus ond doedd dim ots 'da fi. Wnaeth e ddim fy rhwystro i rhag neidio ar hyd y lle fel rhyw fath o ganwr pop gwyllt! Y peth cyntaf wnes i oedd rhedeg draw at Anthony ac yna, ar ôl rhyw funud gydag e, bant â fi rownd y trac rhedeg. O'r diwedd, dyma fi'n dod o hyd i nheulu. Roedd fy rhieni, Danielle fy mhartner, a mrawd a'i wraig oedd wedi dod draw o Awstralia, yn dal mewn sioc, dwi'n meddwl.

Gafaeles i am Mam, ond beth oedd yn ei phoeni hi fwyaf oedd mod i'n chwysu tipyn. Fe dynnodd hances mas o'i phoced i sychu fy wyneb i gan ddweud, yn Gymraeg, 'Rhaid i ti edrych yn daclus nawr, Aled.' Fe gydies i ym maner y ddraig goch oedd 'da hi a dechrau ar daith rownd y stadiwm. Roedd cael chwifio'r faner honno wrth fynd yn rhoi pleser arbennig iawn i fi.

Fe fues i am oriau lawer yn y stadiwm gan wneud un cyfweliad ar ôl y llall ar gyfer y cyfryngau. Yna, mas â fi i GB House, adeilad y tu fas i'r Pentref Olympaidd. Yn y fan honno roedd cyfle i'r athletwyr gyfarfod â'u teuluoedd a'u ffrindiau i gael sgwrs iawn. Yn anffodus, roedd yr adeilad yng nghanol *mall* siopa ac o ganlyniad roedd nifer fawr o'r cyhoedd yno. Roedd hi'n amhosib symud drwy'r dorf achos bod cymaint o bobol eisie cael sgwrs a chael tynnu eu llun gyda fi. Yn y diwedd, yr unig ffordd y llwyddes i gyrraedd GB House oedd yng nghefn BMW mawr, gyda blanced dros fy mhen!

Roedd hi'n braf iawn cael ychydig o amser gyda fy rhieni, ond cyn bo hir fe ges i fy arwain oddi yno ar gyfer rhagor o gyfweliadau gyda'r cyfryngau. Y bore wedyn, fe fu'n rhaid i fi godi am 3.30 y bore i fynd ar wahanol raglenni teledu ac am y 48 awr wedyn fe fuodd hi fel ffair. Gan mod i'n un o'r rhai cyntaf i orffen cystadlu o blith athletwyr Prydain ches i ddim cyfle i ddathlu gyda fy ffrindiau yn y Pentref Olympaidd. Ro'n nhw'n dal wrthi, wrth gwrs. Felly, fe es i i'r stadiwm yn ystod y dyddiau wedyn i ymlacio a mwynhau gweld rhai ohonyn nhw'n cystadlu am fedalau. Ac ymhen ychydig ddyddiau fe es i lan i Lundain gyda nhw i fwynhau rhyw ddathliad bach.

Do'n i ddim yn rhan o seremoni cloi'r Gêmau ond ro'n i yn y gynulleidfa. Roedd hi'n sioe ffantastig ac ro'n i wrth fy modd pan ges i fynd tu cefen i'r llwyfan i gwrdd â rhai o'r sêr oedd yn cymryd rhan, fel Chris Martin o Coldplay, a Rihanna. Yna, ar ôl i'r Gêmau orffen, fe ges i fwynhau'r profiad bythgofiadwy o deithio ar fws agored drwy Lundain yng nghwmni athletwyr eraill oedd wedi ennill medalau gyda'r tîm Paralympaidd a'r tîm Olympaidd. Roedd hi'n anhygoel gweld bod cannoedd ar filoedd o bobol wedi dod mas ar y strydoedd i'n cyfarch ni.

Ar ôl cyrraedd 'nôl i Gaerdydd ro'n i'n dal i gael sylw mawr. Daeth negeseuon yn fy llongyfarch gan Aelodau'r Cynulliad, Aelodau Seneddol, Maer Dinas Caerdydd a llawer o bobol a sefydliadau eraill. Fe gafodd sawl cyflwyniad ei drefnu ar fy nghyfer i o gwmpas y brifddinas. Ond, yn rhyfedd iawn, ychydig iawn o sylw ges i gan fy nhref enedigol, Pen-y-bont ar Ogwr.

Ers y Gêmau dwi wedi bod yn rhoi tipyn o sgyrsiau i gymdeithasau ac mewn ysgolion. Mae'r gwaith hwnnw'n rhoi pleser arbennig i fi ac mae'n dal i ddigwydd yn rheolaidd. Hyd yn oed heddi fe fydda i'n cael tua thri neu bedwar cais yr wythnos i fynd i siarad yn rhywle. Fe gafodd y Cymry yn nhîm Prydain eu cyflwyno i'r dorf yn ystod gêm tîm rygbi Cymru yn erbyn Fiji ym mis Tachwedd 2012 – a chael croeso arbennig yn Stadiwm y Mileniwm. Roedd e'n brofiad gwych – fel roedd cael croeso, gyda gweddill tîm GB, yn Wembley adeg y gêm bêl-droed rhwng Lloegr a San Marino.

Falle taw'r profiad mwyaf cofiadwy ges i yn ystod y cyfnod yn dilyn y Gêmau oedd mynd i Ben-y-bont i weld Swyddfa'r Post yn cyflwyno blwch postio aur i fi. Roedden nhw wedi cyhoeddi y bydden nhw'n peintio un blwch postio coch yn aur i bob un oedd wedi ennill medal aur yn y Gêmau Olympaidd neu Baralympaidd. Yr athletwyr oedd yn penderfynu pa flwch ro'n nhw'n dewis ei beintio. Felly, fe ddewises i'r un ar waelod yr hewl lle mae fy rhieni yn byw, sef Gentle Way, ym Mhen-y-bont, lle ces i fy magu. Drwy neud hynny ro'n i'n gobeithio cydnabod y cyfan ro'n nhw wedi'i neud drosta i ar hyd y blynyddoedd.

Rhyw ddau ddiwrnod ar ôl dod 'nôl o Lundain ro'n i wedi digwydd sôn ar Twitter mod i am fynd i Ben-y-bont i weld y blwch postio sbesial hwnnw. Pan gyrhaeddes i yno fe ges i sioc anferth. Roedd tua dau gant o bobol ar y stryd. Mae'n debyg bod Swyddfa'r Post wedi dechre peintio'r blwch ryw ddwy awr ar ôl i fi ennill y fedal aur. Ro'n nhw'n dal wrthi pan gyrhaeddes i yno, a Mam a fy mrawd wedi bod yn eu helpu! Hefyd, roedd plac arbennig wedi'i roi arno'n egluro pam roedd y blwch wedi cael ei beintio. Mae'n rhaid dweud mod i'n teimlo'n browd iawn pan weles i fe, a phob tro y bydda i'n ei basio bydda i'n dal i gael gwefr.

Beth nesa?

Roedd hi'n galed iawn dechre ymarfer unwaith eto wedi'r holl ddathlu yn dilyn y Gêmau. Ond ro'n i'n awyddus iawn i ddangos yn 2013 nad ffliwc oedd yr hyn ddigwyddodd i fi yn 2012. Ro'n i am i bobol wybod bod 'da fi fwy eto i'w gynnig. Fel roedd hi'n digwydd, roedd llawer o'r bobol fu'n cystadlu yn fy erbyn i yn Llundain yn meddwl hynny hefyd. O ganlyniad roedd safon y cystadlu yn 2013 yn uchel iawn. Fe fues i'n ymarfer yn galed ar gyfer y tymor, er nad oedd fy mhigwrn i'n agos at fod yn hollol iawn.

Eto, ro'n i'n teimlo'n wahanol. Ro'n i'n fwy o ddyn, ac yn llai o fachgen ifanc. Ar ôl sawl canlyniad da gyda'r siot a'r ddisgen, ym Mhrydain ac mewn sawl cystadleuaeth dramor, fe es i i Bencampwriaethau'r Byd yn Lyon ym mis Gorffennaf. Fe ges i hwyl arbennig o dda yno dan amodau anodd. Roedd hi'n 36 gradd Celsius a'r gwres yn llethol. Roedd y cylch taflu wedi'i osod yn newydd ar gyfer y gystadleuaeth ac yn araf iawn o ganlyniad. Ond fe enilles ar y siot gyda thafliad o 14.71 metr. Roedd e dipyn pellach na'r un enillodd y fedal efydd i fi yn Llundain. Ond, yn bwysicach na hynny, ro'n i wedi torri record y byd.

73

Fe ddes i o fewn trwch blewyn i dorri record y byd am daflu'r ddisgen hefyd. Ond fe dafles i'n wael yn ystod yr holl gystadleuaeth, a dweud y gwir. Yn wir, ar ôl tri thafliad ro'n i yn y seithfed safle. Ond yna, gyda'r tafliad olaf, fe gyrhaeddes i bellter o 47.62 metr. Roedd hyn 7 metr yn fwy na'r Groegwr a ddaeth yn ail – fe oedd yn bumed yn Llundain. Dyna oedd y pellaf ro'n i wedi taflu'r ddisgen erioed. Felly, fe ddes i o Lyon yn bencampwr y byd mewn dwy gamp. Ond fydda i ddim yn hapus tan y bydda i wedi torri record y byd ar daflu'r ddisgen hefyd. Dyna'r nod ar gyfer y flwyddyn nesaf.

Ar ôl tymor arall o gystadlu yn 2013, barn pawb sy'n gofalu amdana i oedd fod yn rhaid i fi gael llawdriniaeth ar fy mhigwrn. Roedd angen cael gwared ar ddarn o asgwrn a rhoi dau ewyn artiffisial, newydd i mewn yn y bigwrn. Yn ystod mis Hydref fe ges i'r llawdriniaeth yn Kensington ac wedyn fe fues i yn yr Uned Adfer Ddwys yng Nghanolfan Bissam Abbey yn ne Lloegr am bythefnos. Yr uned honno oedd y lle gorau posib i wella fy mhigwrn.

Byddwn i'n cael gofal am 24 awr bob dydd a byddwn i'n neud naw awr o waith ymarfer caled bob dydd. Yna, fe fyddwn i'n cysgu mewn pabell ocsigen arbennig. Pan wellodd y bigwrn ddigon i adael i fi fynd ar beiriannau, fe fues i'n rhedeg ar beiriant anhygoel. Roedd e'n creu yr un math o effaith â phe byddwn i'n rhedeg ar y lleuad. O ganlyniad doedd dim pwysau ar fy mhigwrn, a hefyd ro'n i'n gallu rhedeg o fewn dyddiau i gael y llawdriniaeth. Fe fyddwn i hefyd yn mynd i'r pwll bob dydd i neud ambell ymarfer, achos yno fyddwn i ddim yn rhoi pwysau ar fy nhroed.

Roedd y driniaeth mor effeithiol fel mod i, ar ôl pythefnos, yn llawer mwy ffit nag o'n i pan es i i'r Gêmau Paralympaidd. Erbyn dechrau mis Tachwedd ro'n i wedi cyrraedd safon ffitrwydd oedd yn 95 y cant o'r hyn y dylwn i fod. Erbyn mis Ionawr bydd y ffigwr yn gant y cant. Mae hynny'n bwysig achos mae 'da fi sawl cystadleuaeth i edrych mlaen ati yn ystod 2014.

Yr un sy'n golygu fwyaf i fi yw Gêmau'r Gymanwlad, fydd yn cael eu cynnal yn Glasgow yn ystod haf 2014. Y rheswm am hynny yw y bydda i'n cynrychioli Cymru, a hynny am y tro cyntaf erioed fel athletwr hŷn. Dwi'n Gymro twymgalon iawn a bydd cael gwisgo fest fy ngwlad yn brofiad arbennig. Mae meddwl y gallwn i fod yn sefyll ar y podiwm ac yn gwrando ar 'Hen Wlad Fy Nhadau' yn cael ei chwarae yn hala ias lawr fy nghefen i. Peth arall sy'n neud Gêmau'r

Gymanwlad yn arbennig yw fod y cystadlaethau ar gyfer yr athletwyr paralympaidd yn rhedeg ochr yn ochr â'r rhai ar gyfer yr athletwyr sydd ddim yn anabl. Wedyn, bythefnos ar ôl y Gêmau hynny bydd yn rhaid wynebu her Pencampwriaethau Ewrop yn Abertawe, a dwi'n edrych mlaen yn barod.

Bydd y Gêmau Paralympaidd yn Rio de Janeiro yn 2016 hefyd yn bwysig iawn i fi. Fe ges i siom fawr yn 2013 pan gyhoeddodd yr IPC na fydde cystadleuaeth taflu'r ddisgen ar gyfer categori F42 yn y gêmau hynny. Maen nhw'n neud y math hwn o beth yn aml, sef ychwanegu rhai cystadlaethau at raglen y Gêmau a dileu rhai eraill. Mae hynny'n beth ffôl iawn, yn fy marn i. Mae gadael cystadleuaeth fel taflu'r ddisgen mas o'r Gêmau yn golygu y bydd y safonau yn gostwng yn y gamp honno. Wedyn, bydd hi'n anodd codi'r gamp 'nôl i'r lefel roedd hi wedi'i chyrraedd os bydd y gystadleuaeth yn cael ei hailgyflwyno yn y dyfodol.

Mae cymaint o ffws wedi bod yn dilyn y newyddion drwg hynny fel y bydd yn rhaid i'r IPC, yn fy marn i, newid eu meddwl. Gobeithio hynny wir. Beth bynnag, fy mwriad i ar hyn o bryd yw mynd i Rio i daflu'r siot. Gyda lwc, dwi'n gobeithio y galla i gystadlu yn y Gêmau Paralympaidd tan 2028. Byddai'n braf iawn meddwl y gallwn i, falle, ennill sawl medal aur arall erbyn hynny.

O ran fy uchelgais personol, byddwn i'n licio cymryd rhan mewn mwy o gystadlaethau ar gyfer athletwyr sy ddim yn anabl. Dwi wedi cael peth profiad o hynny'n barod. Enilles i'r fedal aur yn fy nwy gamp ym Mhencampwriaethau Prifysgolion Prydain yn 2011 a 2013. Dwi hefyd yn cystadlu ar y lefel honno gyda Chlwb Athletau Caerdydd ac wedi cystadlu ym Mhencampwriaethau Cenedlaethol Cymru.

Mae cystadlu yn erbyn athletwyr sy ddim yn anabl yn help i fi estyn y ffiniau a chodi fy safon. Wna i byth ennill medal yn y Gêmau Olympaidd, ond fy nod yw cael fy newis i'r tîm a neud rhyw fath o gyfraniad. Mae'r siot a'r ddisgen ychydig bach yn drymach ar gyfer y cystadlaethau hynny. Ond dy'n nhw ddim mor drwm fel eu bod nhw'n neud rhyw wahaniaeth mawr i'r pellter y bydda i'n ei gyrraedd fel arfer.

Dwi'n dal i fod yn fyfyriwr yn UWIC. Dwi wedi gohirio trydedd flwyddyn fy nghwrs BSc mewn Rheolaeth Chwaraeon er mwyn ysgrifennu traethawd hir. Yna, ar ôl graddio, dwi'n gobeithio astudio ar gyfer gradd Meistr mewn Cyllid a Chyfrifeg (Finance and Accounting). O ran swydd yn y dyfodol, dwi'n meddwl y baswn i'n licio bod yn rhyw fath o drefnydd yn y byd chwaraeon.

Ond, ar hyn o bryd, dwi'n athletwr proffesiynol ac yn cael fy nghyflogi gan UK Sports ar y lefel uchaf. Bydd athletwyr sydd heb gyrraedd y brig yn cael eu cyflogi ar lefel is.

Dechreues i gael rhywfaint o dâl a nawdd yn 2007 ond ar y dechrau roedd hi'n galed iawn. Erbyn hyn mae athletwyr ifanc yn cael llawer mwy o gymorth. Mae 'da fi hefyd nifer fawr o noddwyr, rhai bach a mawr. Un o'r diweddaraf, a ddaeth ata i i gynnig nawdd ar ôl Gêmau Llundain, yw'r cwmni ynni SSE. Dwi'n gallu ennill gwobrau ariannol mewn cystadlaethau a dwi hefyd yn cael tâl am fynd i siarad â gwahanol gyrff a chymdeithasau. Fydda i byth yn codi tâl am fynd i siarad ag ysgolion. Felly, ar hyn o bryd, mae 'da fi'r swydd berffaith sy'n gadael i fi neud gwaith dwi'n dwlu arno. Mae bywyd yn braf!

Roedd un digwyddiad mawr arall yn fy aros ddiwedd 2013, sef derbyn yr MBE ym Mhalas Buckingham. Fe ges i wybod mod i wedi cael yr anrhydedd honno ddechre'r flwyddyn. Ro'n i wrth fy modd fod Anthony hefyd wedi cael ei anrhydeddu ar yr un pryd. Ond do'n i ddim yn gallu mynd i'r seremoni yn ystod yr haf. Felly, roedd derbyn y fedal bwysig arall 'ma gan Dywysog Cymru ar Ragfyr 19 yn goron ar y cyfan ro'n i wedi'i gyflawni. Wrth gwrs, mae nifer fawr o bobol enwog wedi cael yr MBE yn y gorffennol, gan gynnwys sawl athletwr. Oherwydd hynny dwi'n teimlo'n lwcus iawn fod pobol yn meddwl mod i hefyd yn haeddu cael shwd anrhydedd.

Llongyfarchiadau ar gwblhau un o lyfrau Stori Sydyn 2014

Mae prosiect Stori Sydyn, sy'n cynnwys llyfrau bachog a byr, wedi'i gynllunio er mwyn denu darllenwyr yn ôl i'r arfer o ddarllen, a gwneud hynny er mwynhad. Gobeithiwn, felly, eich bod wedi mwynhau'r llyfr hwn.

Hoffi rhannu?

Gall eich barn chi wneud y prosiect hwn yn well. Nawr eich bod wedi darllen un o lyfrau'r gyfres Stori Sydyn, ewch i www.darllencymru.org.uk i roi eich sylwadau neu defnyddiwch #storisydyn2014 ar Twitter.

Pam dewis y llyfr hwn?
Beth oeddech chi'n ei hoffi am y llyfr?
Beth yw eich barn am y gyfres Stori Sydyn?
Pa Stori Sydyn hoffech chi ei gweld yn y dyfodol?

Beth nesaf?

Nawr eich bod wedi gorffen un llyfr Stori Sydyn – beth am ddarllen un arall? Edrychwch am deitlau eraill o gyfres Stori Sydyn 2014.

Oswald – Lleucu Roberts
Gareth Jones: Y Dyn Oedd yn Gwybod Gormod – Alun Gibbard
Foxy'r Llew – Jonathan Davies gydag Alun Gibbard